LE CITOYEN CONTRE LES POUVOIRS

ALAIN

FV ÉDITIONS

TABLE DES MATIÈRES

NULLE VIOLENCE N'EST UTILE EN ÉCONOMIE

CHERCHONS LE RENDEMENT, NON LA PUISSANCE

SOYONS AVARES

LES CIVILISATIONS

ALAIN
ÉMILE-AUGUSTE CHARTIER, 1868-1951

> *« Tout peuple qui s'endort en liberté se réveillera en servitude »*
>
> — ALAIN

Beaucoup d'intellectuels ont écrit sur la guerre, mais rare sont ceux qui l'ont vécu dans leur chair en étant soldat sur le front. Alain en fit la douloureuse expérience et savait ce que représentait le danger d'une mort imminente, lorsque les balles sifflent autour de vous et que les obus tombent à proximité. Il s'était toujours refusé à rester à l'arrière, bien que son statut d'enseignant lui permettait de ne pas être envoyé sur le terrain, au milieu des horreurs et des champs de souffrance de la Grande Guerre. Le « massacre des meilleurs », qu'il nomme aussi le « massacre des héros », il le connait parfaitement, le voit de ses propres yeux, le vit au quotidien. Pour lui, la guerre n'est pas qu'un concept sur lequel un intellectuel peut écrire des livres ou faire des conférences. C'est avant toute chose une réalité pour laquelle il met sa vie en jeu, au sens propre du terme. Alors qu'il est engagé volontairement comme simple soldat aux sein des troupes française lors de la première guerre mondiale, il manque d'ailleurs plusieurs fois de mourir et se retrouve gravement blessé à la cheville en 1916, lors d'un transport de munitions au cours duquel son pied est happé dans un rayon de roue de chariot. La guerre, il la vit dans sa chair, et son corps, blessé, meurtri, en est le témoin et la preuve.

A la fin de l'année 1917, après avoir été démobilisé, le philosophe reprend son enseignement en khâgne au lycée Henri IV et poursuit une autre forme de combat, celle de son engagement en faveur de la paix. Car Alain était un pacifiste. Il savait, mieux que quiconque, que la guerre est un naufrage pour l'humanité. Il était aussi conscient de la nécessité de sortir d'une économie de combat portée par une politique que les circonstances avaient rendu par certains aspects autoritaire. Après la guerre, il est toujours difficile de faire revivre pleinement la démocratie. C'est ainsi, qu'en tant que philosophe et citoyen engagé, Alain s'est longuement interrogé sur les notions de liberté, de justice et de responsabilité politique, analysant de façon critique les causes, les effets de la guerre, et la façon dont les individus peuvent s'émanciper des diverses formes d'autorité.

Artisan de la paix mais toujours méfiant à l'égard de celles et ceux qui se revendiquent pacifistes, Alain refusa toujours la politique visant à humilier les perdants et s'engagea même en faveur d'une coopération commerciale avec l'Allemagne. Il n'est donc jamais question chez le philosophe d'une lecture simpliste des conflits qui opposent les nations, lecture commune à bien des professionnels de la politique spécialistes en démagogie. Il faut en effet se mettre à distance de toutes formes de manichéisme. Le citoyen, face à cette complexité, doit toujours s'efforcer de rester en éveil, au risque d'être endoctriné par les discours de dirigeants dont les intérêts sont trop souvent complices d'une guerre aux effets dévastateurs :

> Tous les ambitieux aiment la guerre. Là-dessus ils ne font point de faute, et se reconnaissent très bien entre eux, comme par un mot de passe. (...) Je ne dirais pas que le Capitalisme est la cause des guerres ; cela est abstrait. J'aimerais mieux dire que les guerres aggravent, entretiennent, renouvellent l'inégalité de toutes les manières. Aussi n'importe quel privilégié sent bien qu'il faudra quelque massacre de nation à nation pour restaurer un état des choses en soi impossible, et qui, dans le moindre retour de paix, s'en va toujours croulant.. Chacun a pu observer ce paradoxe que l'idée même de la paix perpétuelle irrite. Mais qui irrite-t-elle ? Observez ceux et celles qui déclament contre l'égalité, contre la coalition ouvrière, contre les prétentions des employés et des domestiques. Observez aussi ceux et celles qui déclament contre l'Allemand, bientôt contre l'Anglais, toujours pour la guerre et toujours contre la paix. Ce sont les mêmes ; et le ton est le même. — Alain

FVE, 2024

PROLOGUE D'AVANT-GUERRE

A) DÉFENSIVE OU OFFENSIVE.

L'ancre n'a pas mordu. Je veux dire que le débat n'a pas pu s'accrocher solidement dans le dessous de la politique. Le gouvernement manœuvre bien, pour son propre salut. Il fuit devant la discussion. Il se borne à répéter toujours le même discours : « Les armements allemands sont un fait que nous n'expliquons pas, que nous ne voulons pas expliquer. Nous devions prendre des mesures de sûreté ; toutes celles qui étaient convenables ont été examinées et rejetées unanimement par spécialistes, sauf une, qu'il s'agit de voter au plus vite. Délibérez, puisque vous y tenez ; mais cela ne changera rien ; il n'y a point d'autre issue. Vous vous répétez et nous répétons. Des députés qui restent maintenant contre nous, nous n'en gagnerons pas un. De ceux qui se sont formés en carré autour du drapeau, nous n'en perdrons pas un. La chose est réglée, et toutes vos paroles sont perdues. »

Discours pour les enfants. Si la pensée des gouvernements est réellement enfermée dans ces limites, il y a de quoi être effrayé. S'ils en pensent plus long qu'ils n'en veulent dire, ce n'est pas moins redoutable. En réalité, pour quiconque lit simplement les journaux, la situation est celle-ci. L'équilibre européen est rompu depuis les événements balkaniques. L'Autriche est affaiblie par l'effet de voisins puissants et aguerris qui, par la race, sont liés à la Russie. L'Allemagne se voit presque seule, et dans le cas d'avoir à se défendre sur deux frontières opposées. Bien mieux, une guerre a paru imminente dans le moment que la Russie et l'Autriche mobilisaient. Or, n'importe quel homme du métier vous dira que la défense de l'Allemagne, en cas de conflit, serait un terrible problème, surtout si la France était résolue à profiter du conflit pour réparer ses défaites. Encore bien mieux si l'Angleterre était résolue à coopérer à ce mouvement de forces, unique dans l'histoire du monde. La politique militaire de l'Allemagne dépendait donc de l'observation attentive des moindres mouvements occidentaux.

Or, pour ne citer que les faits principaux, nous resserrons l'alliance Franco-Russe, par une visite solennelle ; l'homme qui se trouve représenter hautement cette politique est élu au poste suprême ; et la presse de droite souligne l'événement par des clameurs fanatiques. Vers le même temps, nous désarmons en face de l'Angleterre et tous nos vaisseaux passent dans la Méditerranée, ce qui pouvait, ce qui devait être interprété comme une formation de combat. Joignons à cela ces échanges de visites militaires, comme si chacun passait en revue ses alliés. Tenons compte aussi de négociations que nous ne connaîtrons jamais, mais que les pouvoirs allemands ont bien pu surprendre. Et voilà une explication suffisante de la loi militaire allemande, sans qu'il soit nécessaire de supposer quelque projet d'attaque spécialement contre nous.

Il fallait répondre ? Soit. Mais de la réponse dépendait justement l'avenir de la paix européenne. Des fortifications défensives, de nouvelles périodes d'instruction pour les réserves, un gouvernement appuyé sur les forces de gauche, dont la politique est connue, tout cela aurait marqué un certain relâchement des alliances, un tassement vers un nouvel état d'équilibre, un rapprochement sans parole, sans recul, sans aucune déchéance, tout en nuances, comme il était naturel, après que le conflit marocain se trouvait réglé. Voilà pourquoi cette volonté obstinée à proposer les trois ans, sans atténuation et même sans discussion réelle, a été une faute, si elle ne recouvre pas d'immenses projets, redoutables quelle qu'en soit l'issue. Notre politique est imprudente jusqu'à l'aveuglement, si elle veut sincèrement être défensive. Mais qu'en dire si elle est offensive par ses secrètes espérances ? Qu'en dire si nos hommes d'État, soutenus par la droite, croient réellement à une renaissance française caractérisée par des négociations sans contrôle, par le pouvoir despotique, par la tyrannie des bureaux, des aristocrates et des grands Banquiers, par la résistance aux forces démocratiques, par l'écrasement du peuple ?

19 juin 1913.

B) DÉCLARATION DE PAIX.

Il n'y a présentement qu'une occasion de conflit entre nous et nos voisins de l'Est ; c'est cette guerre des Balkans, dont on a assez dit qu'elle peut mettre aux prises l'Autriche et la Russie, d'où, par le jeu des alliances, résultera naturellement l'état de guerre entre la France et l'Allemagne, et aussitôt, l' « attaque brusquée ». Nos pensées tournent dans ce cercle comme une mouche dans une bouteille. Or, ce risque ne peut être accepté. Il faut rompre le cercle ; il faut résolument modifier cet état d'équilibre instable, qui nous menace continuellement.

Que penserait un homme raisonnable d'un discours que je ferais à quelqu'un qui me croit son ennemi, afin de le rassurer ? «Vous me croyez décidé à vous attaquer à la première occasion ; je vous jure qu'il n'en est rien ; seulement s'il vous vient une querelle, nécessairement je serai contre vous, parce que je suis l'allié de vos ennemis. » Est-ce que la fin de ce discours ne détruit pas le commencement ? Or, un tel discours de la France à l'Allemagne est naturellement

supposé, tant que nous n'affirmons pas bien clairement le contraire, et non seulement en paroles, mais
aussi en action.

Les hommes de bon sens, en Allemagne aussi bien
que chez nous, disaient après Agadir que les deux
peuples ne se battraient pas pour le Maroc. Serait-il
plus sensé de dire qu'ils devront se battre pour les
Bulgares ou pour les Serbes ? Ou bien veut-on dire
seulement, chez nous, que dans l'affaire du Maroc,
nous n'étions pas sûrs d'être énergiquement soutenus
par la Russie, tandis que, dans l'affaire des Balkans,
c'est la Russie qui s'engagera la première ? Mauvaise
foi, alors. Cela reviendrait à préférer une occasion a
une autre ; cela supposerait que nous attendons la
bonne occasion. Osera-t-on dire qu'une telle attitude
est pacifique ? Et que signifient alors toutes nos décla-
rations officielles ? Elles sont à côté de la question ;
elles ne peuvent modifier en aucune façon une situation réellement inquiétante.

Que faudrait-il donc ? Orienter les négociations,
soit avec nos amis, soit avec nos adversaires, d'après
le changement décisif qui s'est produit dans l'équilibre Européen. Car une situation nouvelle veut des
engagements nouveaux. Bien clairement faire entendre que le conflit des Balkans ne doit pas mettre
aux prises la France et l'Allemagne. Il n'est pas nécessaire, pour cela, d'accepter le traité de Francfort, ni de
traiter, à proprement parier, avec l'Allemagne. Les
choses de la politique étrangère ne se traitent pas si
simplement. Il s'agit de travailler activement pour la
paix. « je trouve que l'Autriche fait beaucoup de bruit
avec mon sabre»; ce mot que l'on prête à l'empereur
d'Allemagne traduit assez bien le sentiment publie allemand, qui n'est pas disposé, on l'a bien vu, à faire
allègrement les frais de la politique autrichienne. Fe-

rons-nous, le cas échéant, les frais de la politique russe ? Nous pourrions bien, nous aussi, montrer une certaine réserve à ce sujet-là. A-t-on fait le nécessaire ? J'avoue que j'en doute, parce que notre gouvernement travaillerait ainsi contre lui-même, puisque la menace extérieure est la grande raison de l'autorité qu'il a su prendre. Et le premier acte pour la paix, le seul efficace peut-être, serait de nous débarrasser d'un gouvernement que le parti de la guerre soutient ouvertement. Ainsi, dire que notre politique extérieure est au-dessus des partis, c'est ne rien dire. Elle dépend de mille façons du groupement des partis. Les radicaux au pouvoir, ce serait comme une déclaration de paix, et peut-être la seule possible. Que les hésitants pèsent bien cela.

6 juillet 1913.

C) SOMMES-NOUS EN RÉPUBLIQUE ?

Tous ces débats sur la loi de trois ans seront une leçon pour les citoyens. Ils comprendront combien nous sommes loin encore de la véritable République, puisqu'il leur est ouvertement déclaré que la conduite de la politique extérieure et de la défense nationale ne peut être soumise aux citoyens. Et les conséquences de cette doctrine ne sont pas petites ; la guerre en peut résulter, malgré les affirmations pacifiques des gouvernants eux-mêmes. Car, en même temps qu'ils affirment leur bonne volonté, ils laissent supposer que les vraies raisons de leur politique sont cachées et doivent rester cachées. Cela n'est point fait pour calmer les alarmes allemandes. En somme, pour ce renversement étrange de notre politique intérieure, le danger est le même que si nous avions un roi.

Nous aurons à conquérir le droit de délibérer sur la paix et la guerre, sur les alliances, sur les négociations. Mais le peuple n'agit que par des lois, c'est-à-dire indirectement. Nous devrons donc réclamer des lois bien claires sur le droit de paix et de guerre. Remarquez que depuis dix ans environ on nous a enlevé tous nos garanties. L'opinion s'est formée, dans le parlement, que l'acte de guerre, par lui-même, suspend toutes les libertés, et établit le régime de la dictature ; en sorte que la décision du gouvernement ne pourrait être discutée qu'après la paix. Des réflexions de ce genre sont pour fortifier cette idée que les pouvoirs ont des droits royaux en cette matière. Et l'attitude actuelle du gouvernement est bien celle d'un roi qui défendrait obstinément ses derniers privilèges ; tout ce qui se rapporte à la défense est réglé sans appel par les ministres et par leurs agents techniciens ; et la discussion équivaut au refus d'obéir. je ne pense pas que la masse des citoyens hésite un instant avant de tenter, aux élections prochaines, de détruire, une bonne fois et pour toujours, de telles prétentions.

Mais comment faire ? L'autorité s'engagera toujours et nous engagera toujours. Les traités d'arbitrage, rendus publics, seraient la plus claire affirmation de la volonté des peuples. Mais pour conclure un traité de ce genre il faut être deux. Aussi il sera bon d'examiner si l'offre de l'arbitrage ne pourrait pas être rendue obligatoire par une loi, avant tout conflit. Après l'incident de Casablanca, notre Président du Conseil en vint presque à rompre les négociations, et peut-être ne pouvait-il faire autrement. Offrir l'arbitrage à ce moment-là, c'était peut-être montrer trop de crainte ; mais si l'offre de l'arbitrage était de règle pour notre diplomatie, avant toute rupture de négociations, un tel acte, si utile et capable d'agir si fortement sur l'opinion du peuple antagoniste, alors un tel acte serait naturel et même attendu. Un ministre serait alors raisonnable malgré lui. Mais, avant même qu'on eût occasion d'en faire l'application, une telle loi déclarerait la paix républicaine, sans aucune ambiguïté, et limiterait les combinaisons et les projets des diplomates. Que chacun y pense bien. Une telle loi, qui ne dépend que de nous, qui n'est pas subordonnée à l'acceptation de nos ennemis, marquerait le commencement d'une ère nouvelle, peut-être.

8 juillet 1913.

D) COMME EN 1870.

L'argument le plus confus, le plus faible, mais aussi le plus touchant, s'élève finalement au-dessus des autres, dans cette discussion de la loi militaire, et va devenir le thème unique des orateurs gouvernementaux. « Nous avons vu les horreurs de 1870, nous ne voulons pas les revoir ; nous voulons épargner cette cruelle épreuve à nos fils et à nos neveux ». D'où on viendra à conclure qu'en 1870 nous avons été attaqués par l'Allemagne parce que nous étions faibles. Voilà comment on entend les leçons de l'histoire.

Contre quoi je répéterai sans me lasser, d'abord que la France suivait à ce moment-là une politique d'ambition et de suprématie européenne, et que, de plus, il y avait dans les conseils de l'Empire un parti bien puissant, soutenu par l'impératrice et qui voulait ouvertement la guerre. Et évidemment ils furent bien fous, puisque, avec des projets pareils, ils s'armaient si mal. Mais justement je me demande si les partisans les plus décidés du service de trois ans ne sont pas revenus dans le fond à l'esprit impérial ; je crois qu'au fond d'eux-mêmes, ils espèrent bien, par le jeu des alliances, isoler de nouveau l'Allemagne, et faire sonner de nouveau l'épée française dans les négociations européennes. S'ils ont de tels projets, oui, ils ont cent fois raison de ne pas recommencer les folles imprudences de l'Empire, et d'avoir une forte armée aux frontières, pour appuyer leur politique. Seulement, pour la clarté des débats, c'est sur cette politique qu'il faudrait alors discuter. Or, j'aperçois dans les discours guerriers une mauvaise foi insupportable. Car ils disent : « Nous n'avons point de projets contre qui que ce soit ; nous ne songeons qu'à la défense ». Mais enfin, peut-on soutenir que l'Empire, en 1870, ne songeait qu'à la défense ? Et peut-on accuser les républicains d'alors d'avoir compromis la défense, alors qu'ils s'efforçaient seulement de paralyser une politique ouvertement agressive ? Et n'en sommes-nous point à présent à peu près au même point ? Pour moi, ce qui me paraît redoutable dans la loi de trois ans telle qu'elle est faite, c'est qu'elle va pousser les diplomates à reprendre les anciens projets de Delcassé, pourtant désavoués solennellement par la République.

Et laisserons-nous passer toutes ces falsifications de l'histoire ? Laisserons-nous dire que l'Allemagne nous a attaqués en 1870, alors que le rusé Bismark en fut réduit à manœuvrer, en profitant des passions de la cour impériale française, qui lui étaient connues, de façon à nous faire déclarer la guerre, et à mettre les peuples allemands dans le cas de défendre le sol national ? Cela ne fait-il pas voir clairement que si nous avions suivi, à ce moment-là, la politique purement défensive que l'on met en avant maintenant, la paix était assurée ? Il faut dire et répéter que les désastres de 1870 sont le résultat non pas d'une politique pacifiste jusqu'à l'utopie, ce qui est bien clairement inexact, mais au contraire d'une politique résolument guerrière, témérairement poussée, malgré des préparatifs militaires évidemment incapables de la soutenir. Oui, si nous avons vu Paris assiégé, si nous avons perdu deux provinces, c'est parce que nous avons suivi l'Empire, c'est parce que nous avons accepté et acclamé la guerre. Et il est trop clair pour moi qu'on veut nous pousser maintenant dans les mêmes chemins. Si l'on discerne quelque idée dans cette éloquence fumeuse, ce n'est que celle-là. Et, si les citoyens n'y voient pas clair, les Doumer « au cœur léger » vont nous jeter dans d'effrayantes aventures.

3 août 1913.

E) L'EMPIRE, C'EST LA GUERRE.

De nouveau nous voyons paraître, dans des discours officieux, la grande idée de ce règne ; c'est que la France était tombée bien bas, et que c'est à cause de cela qu'il en coûte si cher pour la relever. Mais suivons d'un peu plus près cette idée, dans le discours Lefèvre ; il ose dire que, lors du voyage de Tanger, l'armée de la France n'était pas prête pour appuyer sa diplomatie. Il faut considérer attentivement cet argument ; nous le reverrons ; on ne l'a pas mis au jour tout de suite ; il fallait préparer les esprits ; mais demain on nous dira sans détour : « Voici la vérité historique ; dans la première période du conflit marocain, la France aurait dû montrer ses armes ; mais elle n'avait pas d'armes ; grâce à nous, dans l'avenir il n'en sera plus de même ; donc payez et bénissez le gouvernement de la Renaissance Nationale. »

Les mêmes hommes ont dit cent fois, au sujet de la loi de trois ans, qu'il s'agissait seulement de la défense du territoire, en présence de l'Attaque Brusquée, toujours possible par l'ambition conquérante de nos voisins. Mais ce n'était pas leur véritable doctrine ; nous la devinions alors, nous la voyons paraître maintenant. « Il ne suffit pas, veulent-ils dire, que la France soit en mesure de repousser une attaque sur ses frontières. Il faut encore que, dans n'importe quel débat Européen, elle puisse faire sonner aussi son épée. Il faut que l'on sache qu'elle n'est pas disposée à épuiser tous les moyens de conciliation ; elle doit retrouver quelque chose de cet honneur chatouilleux qui fut la gloire du second Empire. La loi de trois ans voulait montrer qu'il y a quelque chose de changé en France, et que nous ne supporterions plus ni Tanger, ni Algésiras, ni Casablanca, ni Agadir ».

Il faut mettre cette thèse au jour, et répéter au sujet de cet Empire et de cet Impérialisme : « L'Empire, c'est la guerre ». Il faut opposer une politique résolument pacifique à une politique résolument guerrière. Il faut dire hautement que les radicaux, en négociant, en temporisant, en faisant voir un réel amour de la paix, n'ont point déshonoré la France. Il faut maintenir que, si la France n'a pas tiré l'épée contre l'Allemagne à propos du Maroc, ne ce fut ni par faiblesse, ni par peur, mais réellement par raison. Il y a des provocateurs partout, chez nous comme chez les Allemands ; et les passions guerrières sont toujours assez vives. Il faut montrer à l'électeur que le rôle d'un gouvernement selon l'esprit radical, c'est justement d'annuler la puissance des provocateurs et de calmer les passions. L'affaire du Maroc, si dangereuse pour la paix, et réglée pourtant selon la paix, montre bien clairement ce que l'on peut espérer des radicaux, et ce que l'on doit craindre des autres.

30 novembre 1913.

F) DEVOIR DE L'HOMME D'ÉTAT.

Peut-être, dans l'avenir, au lieu de ces faibles déclamations qui sont présentement la raison des peuples, on entendra dans quelque Chambre délibérante un discours de premier ministre dans le genre de celui-ci:

« Messieurs, dira l'homme d'État, je ressens votre enthousiasme et votre indignation ; il y a plus de huit jours que ce flot de passions vient m'assaillir ; le peuple attend, désire, exige l'ordre de mobilisation. Notre bon droit apparaît à tous ; bien plus, des provocations insensées blessent l'honneur national lui-même. A des mouvements impérieux de ce genre, qui résisterait, s'il se considère seulement comme le mandataire du peuple ? J'ai pourtant résolu d'attendre encore, de temporiser encore. Vous ne me chasserez pas sans m'avoir entendu. »

Ici se placeraient de violentes interruptions comme on peut croire ; il est si agréable de se rendre fou pour une bonne cause, et d'élever les passions au-dessus de la raison. Mais l'homme d'État tiendrait bon, même contre sa propre colère.

« J'entends, dirait-il, que l'on m'accuse de manquer de courage ; ces injures me blessent profondément ; mais, quand J'ai résolu de résister aux passions de tout un peuple, je me suis juré aussi de dompter les miennes. Selon mon opinion, c'est un courage trop faible que de pousser les autres à la bataille. Si j'étais personnellement provoqué, j'aurais à voir si la peur des coups ne prendrait pas figure de raison ; et, sans doute par cette ruse, la colère l'emporterait. Mais j'ai conscience que je suis ici votre tête et votre raison seulement ; ni vos passions ni les miennes ne comptent pour moi.

« Oui, dans ce moment même, dirait-il, dans cette effervescence de deux nations aveuglées, je crois à la paix, je veux la paix, de toutes mes forces. Quoi ? Ici et là-bas déjà des milliers de bonnes volontés s'offrent et se sacrifient. Un décret seulement et tous les liens de famille sont rompus : des milliers d'hommes vaincront la nature, et mourront, pour quelque chose de plus haut et de plus précieux qu'eux-mêmes. Et ce mouvement sublime de fraternité n'ira pas jusqu'à dominer quoi ? Des intérêts contraires, des malentendus, des paroles trop peu mesurées ? Ces maux sont imaginaires. Demain la vie et les travaux peuvent aller comme aujourd'hui, comme hier. Rien n'arrêtera la charrue demain ; chacun respirera et vivra comme aujourd'hui. Si seulement cette plume ne signe pas, si je la brise sur le papier ; si par ma résistance désespérée, je garde un jour de plus ce pouvoir formidable que vous m'avez remis, on verra par l'expérience que la paix pouvait durer un jour de plus ; j'aurai, moi, fait ce miracle de donner un jour de vie à cent mille hommes, peut-être. Vos vertus grondent ; mais moi je ne vois que mon crime. Je n'ai plus ni formule, ni projet, ni système ; mais il y a des actes qui veulent un Non. Je dis Non. »

J'aime assez mon pays pour souhaiter que ce soit un Français qui parle ainsi, le premier en ce monde. Et advienne que pourra.

10 novembre 1912.

G) ABANDON À LA GUERRE.

Le Parlement n'ose pas formuler l'idée effrayante qui domine toute notre politique. Chacun retombe dans ce lieu commun, trop évident : «Nous avons des raisons de craindre une invasion ; l'Allemagne voudrait annexer le quart de notre territoire ; tout le prouve, et ses armements et ses formations stratégiques. La Patrie est en danger ; ce problème domine tous les problèmes. Il s'agit de savoir si nous serons rayés de la carte de l'Europe, etc. » Par ces discours, se marque une espèce de refus de l'esprit devant le problème extérieur réel.

L'Allemagne parle toujours d'encerclement ; lisez les discours au Reichstag. Elle se voit menacée par une coalition formidable, où la Russie apporte ses ressources et son invincible patience, l'Angleterre sa flotte invincible, la France sa légendaire bravoure offensive et la volonté de réparer les effets d'une guerre malheureuse. Voilà comment les Allemands conçoivent les choses. Et ils n'ont, pour les aider, que des alliés dont la valeur militaire, d'après l'histoire, est loin d'être de premier ordre. Bien mieux l'une d'elles, l'Autriche, se trouve par les récents événements affaiblie du côté de l'Orient, et même à l'intérieur par l'effervescence Slave. Dans ces conditions, il est naturel que l'Allemagne se prépare à la Défense par l'effort militaire le plus remarquable qu'on ait encore vu. Et l'on comprend même que des esprits hardis considèrent là-bas que la défense allemande serait mieux assurée, si l'occasion se présentait d'une offensive hardie, contre nous surtout, si d'habiles négociations paralysaient à ce moment là les pouvoirs instables de la Russie et surtout l'Angleterre toujours si prudente et si réservée dans ses alliances.

Après cela, et après les récentes entrevues de souverains, il n'est même pas sûr qu'une politique française trop engagée envers la Russie, trop confiante envers la coopération anglaise, soit la meilleure pour le salut de la Patrie. Ce n'est peut-être qu'une politique de dupes ; l'histoire en offre des exemples. Toujours est-il que cette politique conduit tout droit à la guerre, non sans d'énormes risques. Quel est le Français raisonnable qui risquerait notre patrimoine à ce jeu de hasard ?

Aussi n'est-ce pas ainsi qu'ils pensent. Ils se laissent aller. Ils disent et ils veulent croire que le péril extérieur ne peut être conjuré que par la défense armée. Ils négligent l'action diplomatique, qui, depuis les événements balkaniques, devrait être active, prudente, ouvertement pacifique, quoique sans humiliation ; ce problème devrait tenter des hommes d'État Radicaux. Mais, par des influences intérieures et extérieures, notre politique est comme enchaînée. L'auteur pourtant désavoué du premier Encerclement est à Pétersbourg ; notre action diplomatique est secrète ; le Parlement laisse faire comme si la situation ne dépen-

dait plus du tout de nous ; comme si les forces de
guerre étaient des forces naturelles et aveugles ;
comme si l'effort des trois ans répondait à tout et re-
médiait à tout, alors qu'il aggrave les chances de
guerre, et sans assurer l'avenir.

15 juin 1913.

H) LE MASSACRE DES MEILLEURS.

Le massacre des meilleurs ; j'y insiste. Considérez tout à nu cet effet de la guerre, et même de la victoire. L'honneur est sauf, mais les plus honorables sont morts. Toute la générosité est bue par la terre. Car c'est la vanité souvent qui crie et qui pousse à la guerre ; mais devant le feu, c'est la vraie force, physique et morale ensemble, qui va la première ; et à la fleur de l'âge, avant même que les enfants soient faits. Dans cette terrible guerre moderne, il n'y a plus cette sélection des anciens combats, où souvent l'homme vigoureux, intrépide, maître de lui-même avait quelques chances de revenir. Ainsi, dans l'Iliade, il paraît naturel que les plus forts et les plus courageux soient invincibles, ou tout au moins durent plus longtemps que les autres. Ulysse revient dans sa patrie. Mais, dans nos guerres, lorsqu'il s'agit d'enlever une position sous le feu, le plus vif et le plus noble des hommes marche à une mort certaine ; il ouvre le chemin, mais il tombe avant le triomphe ; car le courage ne peut rien contre la balle ou l'obus. La guerre n'est plus une épreuve pour les héros, mais un massacre des héros. On fait la guerre afin d'être digne de la paix ; mais les plus dignes n'y sont plus quand on fait la paix. Rappelez-vous la paix qui mit fin aux guerres de l'Empire, et même la paix la plus récente, qui nous coûta deux provinces ; c'était lassitude d'un peuple, mais non pas d'un peuple qui a bien combattu. Ne personnifions point; ne tombons pas dans cette perfide mythologie d'un peuple toujours le même quand ses meilleurs enfants sont morts. Celui qui a faibli, celui qui a fui, celui qui n'a pas su oser, tous ceux-là délibèrent enfin sur la paix ; ils ont la paix que d'autres ont gagnée.

Le peuple après cela, vainqueur ou vaincu, est pauvre du vrai sang noble ; pauvre de sauveteurs, d'entreprenants, de généreux ; riche de prudents, de calculateurs, de thésauriseurs. Riche de prêteurs et de rusés ; riche de natures pauvres. Riche de tyrans et riche d'esclaves. La saignée prend le meilleur sang. Effroyable ironie de ces cerveaux fumeux, on ne veut point dire perfides, qui disent qu'une saignée est utile de temps en temps. Confusion d'idées plus dangereuse encore, lorsque l'on prêche que la paix amollit trop les caractères, et que la guerre les trempe; que la paix est trop favorable aux forces de ruse et à la médiocrité morale ; que la guerre mettra les meilleurs hors du rang. Hors du rang, oui, mais pour être aussitôt mitraillés. Beau choix, pour le tombeau 1 L'injustice lira quelque oraison funèbre mais ces leçons de toutes ces belles morts, pour qui ? je crains alors une moisson étonnante d'hypocrisie un temps de discours pompeux, mais de réelle petitesse ; un temps d'opportunisme et de quant à soi. Bref, dans toute guerre, la

justice est assurément vaincue, l'injustice rit en dedans. Je voudrais que les ombres des héros re-
viennent, et qu'ils admirent cette paix honorable qu'ils
auront achetée de leur vie.

31 juillet 1914.

I) DANS L'ENGRENAGE.

Quelle ambiguïté dans tous les discours que nous avons entendus sur l'amour de la patrie ! On le voit bien maintenant puisqu'il est clair que nous avons perdu entièrement la direction de notre politique, et que nos mouvements de guerre dépendent entièrement des passions slaves. Et, bien pis, dans cette menace internationale, la France se trouve soupçonnée, malgré toutes les dénégations, et non sans apparence de raison, d'attendre l'occasion d'un conflit européen pour prendre enfin sa revanche. Et cette masse de troupes armées à notre frontière prend alors, dans cette politique dont nous voyons les immenses replis, une signification bien claire. Par la situation géographique, par l'armement, par le naturel des deux peuples, par la force de l'histoire, il peut arriver que, pendant qu'à l'Orient du grand champ de bataille on en sera aux laborieuses préparations, à notre frontière la catastrophe se précipitera ; nous aurons peut-être cinquante mille morts ou blessés quand les autres en seront aux transports d'armées.

Il se peut que l'issue nous soit favorable. On peut même soutenir, si l'on prend la revanche par les armes, comme fin, que les circonstances sont plus favorables qu'elles n'ont jamais été. Mais la vraie question est de savoir si la Nation a choisi une telle politique, ou si elle y a été amenée malgré elle par des déclamations ambiguës. Or, toujours, on nous a présenté les plus lourds sacrifices de temps et d'argent comme représentant les conditions strictes de la défense du territoire. Toujours on nous a laissé entendre que, malgré une politique résolument pacifique, nous pouvions être attaqués ; la loi de trois ans avait pour objet de couvrir la frontière. Il semblait que nous étions tous d'accord sur la fin, et que nous ne discutions que sur les moyens.

Dans les circonstances actuelles, chacun peut voir ce qui en est. La Russie se trouve avoir un rôle décisif dans tous les conflits balkaniques. La force russe en est encore à ce point d'organisation où la loi de guerre est la loi suprême, au-dedans comme au-dehors ; l'invasion russe, que Napoléon prévoyait, va peut-être se faire mécaniquement, par la décomposition de l'Autriche. Or, par les lois de l'équilibre, nous nous trouvons pris dans ces forces, nous, la sagesse de l'Occident, nous qui en sommes certainement à détester les jeux de la force, même s'ils devaient nous être favorables, ainsi que l'honnêteté stricte l'exige. Nous sommes pris dans ces forces, voilà le fait ; il serait fou de nier le fait ; mais il n'est pas moins fou de galoper avec le fait. Nous sommes les modérateurs de l'immense Russie ; nous avons, par la position de nos armes, un immense pouvoir sur elle. C'était l'occasion d'affirmer notre Idée. Les

nuances importaient. Ont-elles paru dans les discours ?
A-t-il été dit que la France, dans tous les cas, attendrait
un acte de guerre de son voisin ? Non. On s'est borné à
des affirmations de pure forme. Et surtout, dans le fait,
nous avons changé nos formations militaires de façon à
permettre les plus dangereuses interprétations. Dans
ces conflits de menaces, les gestes importent plus que
les paroles. Une formation évidemment défensive,
conforme à la politique radicale, était le langage le plus
clair, et modérateur justement comme il fallait. Que
chacun voie clairement dans quel sens il pousse.

28 juillet 1914.

J) L'ALLIANCE RUSSE

Si l'on fait claquer le fouet du tsar, il se peut que la Chambre riposte par une impertinence. Admettons que l'Alliance Russe soit nécessaire, cela ne fait pas qu'elle soit aimée, si ce n'est par cette élite qui attend un maître. On me montrait hier une de ces petites brochures sur les prisons russes ; cela n'est pas facile à lire, surtout si l'on vient à se dire que cette puissance barbare s'appuie sur nous, et nous sur elle. On peut dominer ce sentiment en considérant les nécessités extérieures ; mais tout républicain l'éprouvera. Il est bon que l'on sache que, malgré les protestations de la Ligue des Droits de l'Homme, les juifs de nationalité française ne sont pas traités en Russie selon le droit commun.

L'alliance Russe a semblé populaire, surtout au commencement ; mais on sait ce que cela veut dire ; c'est que Paris a bien crié. Mais à Paris on trouve toujours assez de gens pour crier n'importe quoi ; sans compter que l'élite réactionnaire s'y trouve concentrée. Et l'on m'a dit que les belles dames se jetaient presque au cou des Russes, et leur jetaient bijoux et dentelles comme aux toréadors. Une femme de luxe a un enthousiasme d'instinct pour l'injustice, et une horreur de la justice. Elles sentent très vivement ce que les économistes ne conçoivent pas toujours assez, c'est que le luxe féminin est le principal de l'injustice réelle. Enfin elles acclamaient le pouvoir fort et le pouvoir injuste. Le peuple a pu suivre un moment ; mais il finira par se faire un visage de pierre, sachant assez que tous ses enthousiasmes se retournent aussitôt contre lui. On pourra bientôt définir la Démocratie comme la grève de l'enthousiasme.

Donc alliance de raison, assez froide, et qui veut des concessions des deux côtés. J'entends bien qu'un haut personnage russe ne prendra jamais au sérieux le suffrage universel, la responsabilité ministérielle, le contrôle des dépenses, la réforme des abus. Ce ne sont pour lui que des paroles. Il cherche des rois et des princes, sous d'autres noms ; il les trouve, il les honore. Il rirait bien s'il croyait que le peuple soit réellement consulté sur la durée du service militaire. Il faut que nos hommes d'État résistent à cette contagion, sans quoi l'esprit russe pèserait un peu trop sur les institutions françaises. Que les trois ans plaisent à la Russie, cela est assez naturel, mais ne doit changer en rien nos délibérations. Qu'ils s'organisent selon leur esprit, et nous selon le nôtre. Je ne vois pas pourquoi la Chambre n'adopterait pas quelque motion fort polie, où elle s'opposerait à toute intrusion d'une puissance étrangère, même amie ou alliée, dans nos affaires intérieures. On nous répète assez que nous devons songer à vivre libres dans une France libre ; voilà une occasion d'appliquer ces belles maximes. Un allié qui tyrannise, ce n'est qu'un ennemi de plus. Et faut-il rappeler la fable du cheval qui, pour se venger

du cerf, se laisse mettre le mors et la selle ? On doit
arriver à un arrangement plus équitable. Pétersbourg
doit supporter notre armée de deux ans et nos réserves organisées ; nous supporterons bien les prisons
russes.

1er juin 1914.

LA GUERRE NAÎT DES PASSIONS

A) ÊTRE FRANÇAIS.

C'était un de ces Français effrontés qui pensaient et disaient que l'imbécile politique des trois ans nous menait à la guerre. L'événement lui donna raison, mais donna aussi raison à l'autre parti; d'où l'on voit que l'expérience n'instruit pas. Toujours est-il qu'il bataillait en ce temps-là, seul dans un cercle arrogant animé d'un furieux respect. « Voilà bien mes Français », dit-il, sur quelque sortie où la vanité nationale se montrait ingénuement. Un vieil alsacien, fidèle entre les fidèles, ne supporta point cela ; son visage devint rouge comme la crête du coq emblématique : « Apparemment, Monsieur, dit-il, de ces Français vous n'en êtes pas.» Mais le grand diable blasphémateur prit du vent et se mit à rire.

« Monsieur, dit-il, vous ne m'offensez point ; je suis bien tranquille là-dessus et n'en ai point le choix, ayant cette qualité que vous dites en inaliénable propriété. Non moins que ce pied, trop prompt souvent à botter les insolents, est moi-même en ses passions et en tous ses mouvements. Aussi ne puis-je point dire que je l'aime ; mais c'est bien mieux ; je le possède et je le gouverne par droit naturel ; aucun choix ni aucun discours n'y changeront rien. Vous demandez si je suis Français, mais c'est mal parler ; je suis la France même pour ma part ; et ceux qui veulent aimer la France, comme je vois que vous voulez, doivent m'aimer moi aussi bon gré mal gré ; je suis dans le lot par mes nobles ancêtres, mon père boulanger et mon grand-père boucher, et tant d'autres, tous Français et sans aucun mélange depuis les croisades ; la preuve en est assez claire dans ma manière de dire et de mimer, qui est sans respect et à peu près sans crainte. Et si quelqu'un me dit qu'il aime la France, je le prends en hommage ; mais pour mon compte je n'aime point la France autrement que l'on peut s'aimer soi-même ; or, j'ai appris qu'il ne faut point trop s'aimer soimême, et que c'est vilain et sot. Enfin je suis bon prince et je gouverne mon peuple; non sans réprimande car il le faut; mais il me comprend et me supporte, car c'est mon peuple.» L'autre restait sans parole, et son geste prenait les dieux à témoins ; mais le diable de Français n'en allait que mieux.

« Nous ne pouvons point, dit-il, nous comprendre tout à fait bien. Vous êtes d'un pays tiré en deux sens, où quelquefois deux frères choisissent chacun leur patrie. Vous Nous avez choisi et préféré, et Nous vous en sommes reconnaissants ; je dis plus, Nous vous sacrons par grand serment. Mais votre serment aussi fait que vous pensez surtout à vos devoirs et à l'obéissance. Au lieu que Nous, Français par grâce de nature nous pensons plutôt selon les charges du gouvernant que selon les obligations du sujet, ayant juré avant naissance de ne priver jamais ce pays-ci d'aucune de nos pensées libres, ni d'aucun des ornements qu'y met notre humeur, ni de notre prudence que vous appelez imprudence, et qui s'explique par cette assurance de soi, qui permet aux autres d'être indifférents. Par quoi Descartes m'est frère, mais aussi Gœthe ne m'est pas ennemi. je n'ai pas ici à me défendre, et la fidélité m'est substance et non attribut. C'est pourquoi je rirai de nos Académies, si cela me plaît, et je criblerai de flèches nos rois emphatiques, et je sifflerai Saint-Saens, et j'aimerai Wagner. Mais j'avoue que cette liberté ne s'apprend pas en vingt leçons. »

B) LA POLITESSE ENVERS LES NATIONS.

« Qu'il est difficile d'être content de quelqu'un. » Cette sévère parole de La Bruyère doit déjà nous rendre prudents. Car le bon sens veut que chacun s'adapte aux conditions réelles de la vie en société ; et il n'est point juste de condamner l'homme moyen ; c'est folie de misanthrope. Donc, sans chercher les causes, je me garde de considérer mes semblables comme si j'étais un spectateur qui a payé sa place et qui veut qu'on lui plaise. Mais au contraire, repassant en moi-même l'ordinaire de cette difficile existence, je mets d'avance tout au pire ; je suppose que l'interlocuteur a -un mauvais estomac ou la migraine, ou bien des soucis d'argent, ou des querelles domestiques. Ciel douteux, me dis-je, ciel de Mars, gris et bleu mêlé, éclairs de soleil et bise aigre ; j'ai ma fourrure et mon parapluie.

Bon. Mais il y a mieux à penser là-dessus, si l'on songe à cet instable corps humain, frémissant à la moindre touche toujours penchant, bientôt emporté, produisant gestes et discours selon sa forme, selon la fatigue, et selon les actions étrangères : c'est pourtant ce corps humain qui doit m'apporter, comme un bouquet de fête, les sentiments constants, les égards et les agréables propos auxquels il me semble que j'ai droit. En ce mélange je dois, comme un chercheur d'or, négliger le gravier et le sable, et reconnaître la plus petite paillette ; c'est à moi de chercher, aucun homme ne crible les discours qu'il lance, comme il fait de ceux qu'il entend. Me voilà donc disposé selon la politesse, et encore mieux ; j'ouvre un large crédit à l'autre ; je laisse les scories, j'attends sa vraie pensée. Mais ici je remarque un autre effet, auquel on ne s'attend jamais assez. Cette bienveillance, que je fais voir, délie aussitôt ce timide qui s'avance en armes et tout hérissé. Bref, de ces deux humeurs qui roulent l'une vers l'autre comme des nuages, il faut que l'une commence à sourire ; si ce n'est point vous qui commencez, vous n'êtes qu'un sot.

Il n'est point d'homme dont on ne puisse dire et penser beaucoup de mal ; il n'est point d'homme dont on ne puisse dire et penser beaucoup de bien. Et la nature humaine est ainsi faite qu'elle n'a point peur de déplaire ; car l'irritation, qui donne du courage, suit la timidité de bien près ; et le sentiment que l'on a d'être désagréable rend aussitôt pire. Mais c'est à vous, qui avez compris ces choses, de ne point entrer dans ce jeu. C'est une expérience étonnante que celle-ci, et que je vous prie de faire une fois ; il est plus facile de gouverner directement l'humeur des autres que la sienne propre ; et qui manie avec précaution l'humeur de l'interlocuteur est médecin de la sienne propre par ce moyen ; car, dans la conversation ainsi que dans la danse, chacun est le miroir de l'autre.

Je viens, par ces détours, à une idée importante et trop peu considérée. je ne vois point *que* personne ait de politesse à l'égard des nations. Si un homme abordait ceux qu'il rencontre avec cet air soupçonneux qu'il fait voir dès qu'on lui parle de l'Allemagne, ceux qu'il rencontre seraient bientôt à son égard pires qu'il ne peut craindre, par la seule contagion de l'humeur. Ce sont les enfants qui croient qu'il y a des bons et des méchants ; l'homme d'expérience sait que tous sont passables dès l'abord et bons par quelque côté, et que de toute manière la paix est une chose difficile et qui réclame attention. Les hommes étant ainsi, cela fait pitié d'entendre dire qu'il y a des peuples violents, perfides, pillards. Et cela est effrayant à entendre, car je sais bien que l'humeur d'un peuple est plus changeante que celle d'un homme, et encore plus effarouchée, de façon qu'il sera comme on voudra et comme on dira. Messieurs de France, soyons polis.

C) LE MOT BOCHE.

Il l'a dit, ce mot que je ne veux pas écrire ; ce mot qui est laid par lui-même et qui rend laid celui qui l'a dit ; l'injure officielle, et en vérité presque imposée, que plus d'un académicien a tenté d'élever jusqu'à lui ; mais le plus bas nous guette toujours et nous saisit promptement, et il est plus vite fait de s'avilir que de *se* relever. Lecteur, tu m'as deviné, et tu résistes ; tu rassembles ce qui te reste de vertu civique pour prononcer ce mot qui rend laid. On a bien le droit d'être laid, si c'est pour la patrie. Mais attends.

Donc il l'a dit. Et c'est un homme d'âge, impropre à l'action vive, mais de culture passable et de mœurs douces ; consciencieux en son métier, et du reste, autant que j'en puis juger, ayant peur de tout. Il l'a dit ou plutôt il l'a jeté, avec sécurité et décision, comme s'il attendait l'occasion, et c'était une pauvre occasion ; il s'agissait d'une œuvre de langue allemande, ancienne et depuis longtemps classique. L'intention d'insulter, et d'insulter toujours, n'en était que plus claire ; et il n'y avait point là d'homme pour recevoir l'injure, et prêt à répondre à coups de poing. Telle est la situation qui me fit monter le rouge au visage ; car je respecte la forme humaine.

Je n'examine pas si l'injure est méritée, et par qui méritée. je n'en suis pas là. je suis en présence d'une injure, c'est-à-dire d'une action de guerre, qui appelle une riposte de guerre. Dès que l'on en vient à rassembler en un seul mot, choisi à cette fin, toutes les raisons de haïr avec le refus d'examiner ou seulement d'attendre, il faut être prêt à se battre. Selon un Jugement Universel, qui va droit à la vérité de la chose, il faut que l'insulte soit aussitôt guerre ; car il n'y a point de droit d'insulter. Et c'est une coutume invariable chez tous les peuples que l'insulteur doit payer de sa personne, dès que l'insulté l'exige. Le duel n'est pas étranger à la raison, en ce sens que, par une logique invincible, la violence devant suivre l'injure, le plus tôt sera le mieux. La profonde sagesse populaire a toujours aperçu que la violence, parce qu'elle n'est pas sans risque, est de toute façon le remède de l'insulte, et que celui qui est jeté de l'insulte à la violence se trouve puni par sa propre volonté, ce qui est la justice la plus profonde sans doute. C'est pourquoi, de ceux qui risquaient leur vie, l'injure ne m'étonnait pas plus qu'un coup de canon. Et encore maintenant, et quoique la paix soit établie, la même injure venant d'un homme jeune, avide d'action et de gloire, et qui met d'avance sa vie en jeu, me paraît, il est vrai, imprudente, dangereuse pour tous, mais non pas laide et vile. Mais ce petit vieillard n'a certainement pas considéré que d'autres répondent pour lui, et qu'il n'est courageux ici que par procuration, ce qui n'est pas beau. Il y eut, il est vrai, d'illustres exemples ; mais dans un temps de fureur et de folie, ou l'exemple de l'action, présent et sensible à ceux qui ne pouvaient agir, devait produire une sorte de convulsion qui se traduisait comme elle pouvait. Mais la grimace volontaire est indigne de l'homme.

Que puis-je penser, si l'homme a quelque pouvoir, si, par ses fonctions, il risque d'être pris comme exemple et modèle ? Et quel avenir pouvons-nous espérer si la conscience commune juge sans sévérité, et même avec faveur, l'insulteur qui paie du sang des autres ? On a assez dit qu'il est dangereux pour l'ordre que ceux qui décident de la guerre, par imprudence, vanité ou faiblesse, n'en soient pas les premières victimes. Mais l'on cherche les responsables souvent trop haut ou trop loin. C'est pourquoi, et justement parce que j'honore l'espèce humaine, en tous ses visages, j'essaie de piquer ici au bon endroit plus d'un imprudent, et ce vieil homme lui-même, qui certainement a parlé sans penser.

D) UN PEUPLE N'A PAS DE CARACTÈRE.

On demande : « Que pensent les Allemands ? Que veulent-ils ? Qu'espèrent-ils ? Que peut-on attendre d'eux ? » On convient qu'on n'en peut rien savoir ; mais on parle de ces opinions, de ces sentiments, de ces intentions, comme si c'étaient des choses réelles et bien déterminées, seulement cachées. Comme un filon sous la terre, il y est ou il n'y est pas ; que je le cherche ou non, que je le trouve ou non, que je le soupçonne ou non, cela ne change pas le fait. Il est effrayant de penser que nos docteurs en politique raisonnent presque tous comme si les opinions étaient des choses fixes, inertes, insensibles. Les mêmes hommes sentent pourtant bien que nos opinions à nous et nos sentiments à nous, et nos intentions et nos espérances varient du tout au tout selon ce que nous supposons des pensées de l'adversaire. N'importe quel homme de chez nous trouve en lui confiance, dé-fiance, modération, colère, tous les extrêmes et tous les partis, d'après ce que dit l'adversaire, ou plutôt d'après ce qu'on dit qu'il dit. Mais lui, l'adversaire, on ne suppose point qu'il change aussi d'une minute à l'autre, et par les mêmes causes. On veut qu'il soit tel ou tel ; méchant ou bon, franc ou rusé, pacifique ou belliqueux, démocrate ou fanatique. Nous n'arrivons pas à faire un choix, nous autres, entre nos pensées, de façon à pouvoir dire quelle est notre vraie pensée ; et nous voulons que l'adversaire fasse en lui-même ce choix bien mieux, nous affirmons qu'il l'a fait. Les plus naïfs croient qu'il l'a fait depuis des années et depuis des siècles, parce qu'il est comme il est et que rien ne le changera.

J'avoue que pris en gros il est comme il est et que rien ne le changera, de même qu'un homme de Lille est un homme de Lille, un breton, breton, et un marseillais, marseillais. Cette image moyenne et invariable, œuvre de la lumière, du vent et des eaux est en effet quelque chose, comme le plumage du rougegorge est quelque chose ; et quoiqu'il y ait des différences notables selon les individus, tous semblent soumis à quelque modèle constant, qu'ils réalisent plus ou moins. Et quoiqu'il soit fort difficile de dessiner et définir ces types ethniques, nul ne peut leur refuser audience en ses pensées. L'erreur est de croire que les projets, les actions, les vertus et les vices, le bien et le mal, soient déterminés par là.

Vous croyez savoir ce que c'est qu'un Français. Mais quand vous aurez, non sans peine, défini la masse française par l'humeur, par la langue, par les œuvres littéraires, par l'architecture, par le mobilier, par un certain genre de sociabilité et de politesse, décidez donc, d'après cela, si cette masse est pacifique ou guerrière. L'un ou l'autre aussi bien ; et je conviens qu'en des dispositions tout à fait opposées ce peuple sera toujours le même en un sens ; comme un homme en colère, ou assuré, ou défiant, ou confiant, est toujours le même homme. Qui aura observé comment cette invincible nature se retrouve la même en des actions tout à fait différentes, en des affections, en des passions opposées, en des pensées médiocres ou profondes, dans le rire, dans les larmes, dans l'enthousiasme, dans le désespoir, comme on peut voir pour chacun et pour soi, celui-là supportera aisément dans le peuple ennemi les mêmes changements, la même richesse ; la même variété, la même instabilité qu'en lui-même. Et je suis assuré qu'un Allemand moyen, quand il pense à la politique européenne, est, dans la durée d'une heure, successivement farouche et pacifique, confiant et désespéré, doux et violent, résigné et obstiné selon ce qu'il lit, entend et imagine, absolument comme nous. Dont le mauvais vouloir fera sortir tout le mal possible. Mais il est temps que la bonne volonté s'y mette aussi.

E) LE FOSSÉ D'INIMITIÉ.

La guerre nous tient dans un cercle. Un Allemand qui se fixerait en France serait bientôt Français, par la puissance de la langue, des mœurs, des lieux. Mais la perspective d'une guerre l'arrête et le trouble ; il est déchiré entre ses deux patries ; il ne veut point servir en armes pour la nouvelle contre l'ancienne ; il ne veut point avoir un frère, un beau-frère, un cousin, un neveu dans l'autre camp. Le voilà donc installé chez nous comme un étranger, suspect à tous ; on voit déjà en lui un espion, toujours d'après l'idée d'une guerre probable et préparée des deux côtés. La coupure entre les deux peuples, le fossé d'inimitié se trouve marqué justement là où devrait se faire la fusion et réconciliation réelle. Cet exilé vit donc avec sa patrie absente ; il se trouve exclu de la vie publique dans le lieu où sont ses intérêts ; il est soumis à un régime d'exception ; il le sait ; il le veut. État violent, et secret, ce qui est pire. Le mouvement de la population et de l'émigration est biologique ; nul n'y peut rien. Supposons une infiltration d'étrangers par centaines de mille, et d'étrangers qui restent étrangers, le problème Silésien peut se poser en Champagne. Ainsi la guerre se montre, mais elle est moins effet que cause ; c'est parce qu'elle se montrait d'abord que les difficultés s'élèvent. Si les pensées étaient occupées de bonne entente, d'association, d'échanges fructueux, et non point de guerre, le fleuve humain coulerait lentement du continent vers nos rivages, comme il a toujours fait, et les Français ne craindraient nullement de devenir Allemands par cette force du nombre, évidemment invincible ; au contraire les immigrants Allemands deviendraient Français. La France a toujours dû sa nature propre à de tels mélanges ; et je crois que toujours la géographie vaincra l'histoire.

Au sujet des provinces disputées, même remarque. Car, à ne considérer que le régime de Paix, on ne voit point qu'un pays s'enrichisse par l'annexion d'un territoire. je vois bien de nouveaux contribuables, mais il n'est plus question, en notre temps, de lever le tribut sur les populations sans leur rendre en services publics l'équivalent de ce qu'elles paient. Un État n'est pas un commerçant : ses bénéfices d'administration sont naturellement nuls ; ils doivent l'être. Ainsi quand on dit que la nation acquiert des mines précieuses, ou de riches terres à blé, ou de beaux vignobles, on ne dit rien de clair ; ce sont des individus qui possèdent ces choses, et qui en tirent profits ou pertes selon leur talent. Au reste rien ne m'empêche d'avoir des biens en Allemagne, rien n'empêche un Allemand d'en avoir chez nous. Mais c'est toujours la perspective d'une guerre qui donne un sens à l'ambition conquérante. Le blé, le fer, le charbon, sont alors des munitions de guerre, que l'on veut tenir dans l'enceinte fortifiée. Tous ces débats sur des provinces se font en vue d'un siège à soutenir. Si une paix réelle est présupposée, il est assez clair que l'excédent du charbon étranger est à nous pour notre argent, comme notre excédent de vin et de fruits est à lui pour son argent. Mais si la menace de guerre est présupposée, le charbon est une arme, le fer est une arme, le blé est une arme, Ainsi, dans ces discussions qui veulent avoir pour fin la Paix, l'état de Paix est continuellement nié, l'état de Guerre est continuellement affirmé et rappelé. Mais si l'on voulait la paix d'abord, et par énergique préjugé, presque tous les débats entre nations seraient plus aisés à terminer, et quelques-uns même sans intérêt et sans matière. Et c'est la peur, encore ici, qui fait presque tout le danger. Qui osera ? Qui rompra le cercle ?

F) LA PAIX D'ABORD.

Celui qui a proposé cette formule connue : « la paix par le droit » a fait tenir, il me semble, beaucoup d'erreurs en peu de mots. Là-dessus j'ai d'abord réfléchi longtemps, sans beaucoup de suite et sans jamais rien découvrir ; et puis, quand la guerre m'a tenu sur ce problème pendant des heures et des jours, j'ai enfin compris que les bonnes intentions ne mènent à rien tant que les idées sont mal attelées. « La paix par le droit », c'est un cri de guerre, à bien l'entendre ; c'est même le cri de la guerre.

La première erreur qu'il faut effacer, c'est que les hommes font la guerre par goût d'usurper ou de piller ; cela peut être dans un petit nombre ; mais le gros se bat toujours pour un droit ; ou bien il le croit fermement, ce qui revient au même. C'est ainsi que l'ardeur des procès résulte bien moins de l'avidité que d'un attachement quasiment mystique à un droit ou à ce que l'on prend pour un droit. Mais approchons plus près, sur cet exemple des procès. Non seulement les plaidants voient toujours quelque droit, et plaident, en quelque sorte, pour faire triompher la justice ; mais bien plus il est vrai que dans tous les procès il y a apparence de droit des deux côtés, par la complication des affaires et par l'insuffisance des contrats, qui ne peuvent tout dire ; tout l'édifice du droit écrit et de la jusrisprudence répond à cette difficulté majeure de trouver à décider, quand le bon sens découvre de part et d'autre des raisons évidentes et fortes. C'est ce qu'on ne comprend pas aisément ; et j'ai trouvé plus d'un naïf qui raisonnait ainsi : « Puisque c'est l'un des deux qui a raison, il y a certainement un des deux avocats qui est payé pour mentir. » Mais entendez là-dessus les avocats, les avoués et les juges, ils vous diront qu'un avocat ne ment jamais, qu'il n'a pas besoin de mentir ; que ce grossier moyen le rendrait aussitôt ridicule, et qu'un procès n'est possible que par deux apparences de droit qui se peuvent très bien soutenir, sans aucun mensonge et sans aucun sophisme. C'est pourquoi le jugement, qui décide entre les deux, devient aussitôt un élément du droit, et un argument fort dans les procès qui suivront. Mais aussi le droit est difficile à saisir, parce que les hommes passionnés et trop prompts croient tous que le droit est clair et évident toujours.

Où donc est la justice ? En ceci que le jugement ne résulte point des forces, mais d'un débat libre, devant un arbitre qui n'a point d'intérêts dans le jeu. Cette condition suffit, et elle doit suffire parce que les conflits entre les droits sont obscurs et difficiles. Ce qui est juste, c'est d'accepter d'avance l'arbitrage ; non pas l'arbitrage juste, mais l'arbitrage. L'acte juridique essentiel consiste en ceci que l'on renonce solennellement à soutenir son droit par la force. Ainsi ce n'est pas la paix qui est par le droit ; car, par le droit, à cause des apparences du droit, et encore illuminées par les passions, c'est la guerre qui sera, la guerre sainte ; et toute guerre est sainte. Au contraire c'est le droit qui sera par la paix, attendu que l'ordre du droit suppose une déclaration préalable de paix, avant l'arbitrage, pendant l'arbitrage, et après l'arbitrage, et que l'on soit content ou non. Voilà ce que c'est qu'un homme pacifique. Mais l'homme dangereux est celui qui veut la paix par le droit, disant qu'il n'usera point de la force, et qu'il le jure, pourvu que son droit soit reconnu. Cela promet de beaux jours.

G) « DÉFENSE NATIONALE. »

Si l'on abandonnait tout à fait l'idée ridicule de se défendre par les armes contre les hommes les plus disciplinés et les plus honnêtes de chaque pays, alors le problème du sommeil ne serait pas encore résolu, mais on pourrait y porter quelque attention et des forces suffisantes. Trois bandits n'ont de puissance que par l'isolement et le sommeil des victimes, par la surprise, par la confiance commune enfin. Cependant il n'est pas un citoyen bien pensant qui ne se défie jour et nuit de l'Allemagne, des Soviets, et même de l'Angleterre. Remarquez que le même homme fera commerce à l'étranger sans avoir la main sur son revolver, et se fiera à des traites sur Francfort ou sur Londres ; mais il veut pourtant une armée forte pour surveiller ces honnêtes gens là. Ayant donc payé ses impôts, envoyé son fils à la caserne, et suffisamment médité sur les Nouvelles, il se roule dans sa couverture et s'endort, toutes portes ouvertes, dans une machine roulante et bruyante, à travers les campagnes endormies, sans aucun gardien. Le lendemain il lira le récit de l'agression à laquelle il a échappé par hasard ; il apprendra que les bandits courent toujours, et cela ne l'étonnera pas ; il verra que notre ambassadeur a parlé ferme, ici ou là, et il sera content. Avouez que voilà un homme bien gardé.

Si tous les citoyens valides devaient à la fonction de police seulement le quart du temps qu'ils sacrifient à la défense nationale, il y aurait partout des postes de vigilance, aussitôt triplés à la première alerte par les hommes de réserve. Sur un simple message téléphoné, aussitôt des cavaliers, des cyclistes, des fantassins de police entassés dans des camions automobiles, se déploieraient en un cercle de cent kilomètres de rayon ; aucun être humain ne franchirait ce barrage sans être examiné de près ; et quand on retiendrait jusqu'au jour tous ceux qui viendraient se prendre au filet, ce ne serait pas un grand mal.

De même, si l'on savait que les bandits sont dans Paris, il suffirait d'un millier d'escouades pour fouiller toutes les maisons, et en fort peu de temps. Y pensez-vous ? Réveiller les gens, violer les domiciles, retenir pendant quelques heures deux ou trois cents suspects ? Que faites-vous des droits de l'homme et du citoyen ? Et du reste l'argent manque pour cela, et les hommes. Mais enlevez les jeunes gens à leur foyer, conduisez-les à la misère, à la terreur, à la mort. En même temps jetez l'argent ; brûlez l'argent. Tirez quatre mille coups de canons par nuit sur un secteur de deux kilomètres, simplement pour tenir l'ennemi en alerte ; un coup de canon coûte quatre-vingts francs ; faites le compte. Toutes ces folies semblent naturelles dès qu'un homme est menacé d'obéir à la loi de Berlin au lieu d'obéir à celle de Paris. La loi est d'ailleurs la même dans les deux pays, et elle s'accorde avec cette probité naturelle que l'homme du commun suit scrupuleusement par libre préférence. Mais cette seule remarque est inconvenante ; il se forme des ligues pour assommer ceux qui osent la faire publiquement ; non point des ligues contre les assassins. Et cela, tout considéré, est assez beau. N'importe quel homme se soucie plus des opinions auxquelles il s'est attaché par serment que de sa propre vie. Pensant, il l'est bien ; il l'est de tout son cœur. Menacez-le d'un revolver, il demande seulement que la police soit un peu plus éveillée. Mais menacez-le d'un argument, le voilà prêt à faire lui-même sa propre police. Preuve qu'il y a sommeil et sommeil.

H) ON MEURT POUR SON HONNEUR, NON POUR LA PATRIE.

Le comte Mosca, dit à peu près Stendhal, se moquait de son prince et de sa propre police ; il pensait principalement au bonheur du comte Mosca. « Mais il avait de l'honneur ». Entendez qu'il n'aimait point céder à la peur, et qu'il aurait sacrifié toutes ses places plutôt que de trahir le secret d'un ami. Les personnages de Stendhal sont réels, parce qu'ils sont d'une certaine manière en solitude. Ce qui leur reste de vertu est d'or pur sans aucun mélange. Fabrice à Waterloo ne cherche nullement à étonner les autres ; il ne pense qu'à dompter cette peur qui lui monte des entrailles ; et encore est-il en doute si cette peur était la vraie peur, et si cette bataille était une vraie bataille. Le plaisant c'est que ce jeune homme, qui est catholique sans l'ombre d'un doute, ne pense point du tout au ciel ni à l'enfer pendant qu'il galope. Son Dieu le laisse seul et sa patrie de même. C'est un homme qui éprouve sa propre volonté.

Nos moralistes d'État voudraient faire croire que l'on meurt pour la Patrie. Mais ce genre de vertu nous est extérieur ; aussi comme le déclamateur se laisse aisément persuader! Comme il consent à servir sa patrie par la plume ou par la parole, je dirais presque que le culte extérieur l'a délivré de sa propre vertu ; le commun usage l'absout ; la règle extérieure apaise cette conscience ombrageuse. Pour moi j'ai connu d'autres héros, aux yeux de qui la Grande Guerre était comme le Waterloo de Fabrice, une épreuve qu'un homme ne peut entendre conter sans honte, une épreuve dans laquelle il doit se jeter, sous peine d'avoir ensuite à rougir de lui-même. Comme on voit que, dans les querelles, tous les conseils de modération importunent l'homme qui doute de son propre courage. Ce drame est intérieur ; communément le spectateur n'y comprend rien. Le héros est abondamment ravitaillé de raisons extérieures, et proprement académiques ; mais il les repousse, non sans politesse ; il pense à autre chose ; il est aux prises avec un autre genre d'esclavage, qui lui est intime. De là un appétit de mourir, qui étonne le spectateur: Car pourquoi ce garçon clairvoyant et même cynique, qui ne s'est jamais permis le moindre développement emphatique, pourquoi ce garçon qu'une blessure a privé de l'usage de son bras gauche, arrive-t-il à se retrouver aviateur et à voler sur les lignes ? Et cet autre de même, avec un genou ankylosé ? L'Opinion les honorait assez ? L'Opinion les retenait à l'arrière. Mais ils se moquaient de l'Opinion.

Un charmant capitaine, qui se moquait lui aussi de beaucoup de choses, et qui n'a jamais déclamé, me disait au retour de l'hôpital : « je me suis fait blesser d'une sotte façon. L'ennemi bombardait. C'était l'heure de ma toilette, et j'ai coutume de faire ma toilette au-dehors. J'hésite ; et aussitôt il me semble que je ne puis plus me dispenser d'y aller. Autrement je soumettais ma volonté à la puissance extérieure. Remarquez que personne ne me voyait. Si vous écrivez sur le courage, n'oubliez pas de citer cet exemple-là. » Je tiens ici ma promesse. Ne faisons point grimacer le héros.

I) LA PEUR D'AVOIR PEUR NOUS POUSSE À LA GUERRE.

Le Pacifisme, dit l'habile homme, ne convient qu'à ceux qui sont assurés de leur propre courage ; et de ceux-là vous n'en trouverez pas beaucoup. Le commun des hommes a peur d'avoir peur ; et cela est assez honorable. je ne le voudrais point autrement. Il ne domine sur les lions et les tigres que parce qu'il domine premièrement sur sa propre peur. Le courage est donc en lui comme une tige de fer qui le tient droit. Il le sait. Les poltrons aussi le savent. Et d'ailleurs qui West pas poltron à un moment ou à l'autre ? C'est pourquoi si vous l'effrayez il fait d'abord front ; c'est le premier mouvement, irrésistible ; c'est aussi bien le mouvement des faibles, car l'esprit ne veut point céder ; et, toutes les fois qu'il cède, il est puni par une honte insupportable. Qu'ils cherchent donc l'exercice, le sergent instructeur, le tambour, l'ordre de marche et le terrible chant de guerre, dès qu'ils ont peur, c'est la loi de l'homme, comme c'est la loi du tambour de sonner sous les baguettes. Il faut bien faire attention à cela ; la prudence ne vient qu'en second, et sera toujours estimée. L'-homme ne sera prudent, sage et enfin juste que lorsqu'il sera assuré contre sa propre peur. Ainsi la seule idée de la guerre ressuscite la guerre ; et il faut une longue paix pour assurer la paix. Prenons donc ce difficile animal comme il est ; je veux dire que nous devons nous prendre nous-mêmes comme nous sommes. Car qui résistera à l'appel du clairon ? Là-dessus je me défie de vous, mes amis, et de moi-même. Soyons rusés. »

L'habile homme prit le temps de réfléchir, pendant que les autres, plus naïfs, pensaient à toutes les fautes qu'ils avaient faites dans ce jeu difficile. « Les tyrans, dit l'homme habile, joueront toujours la même carte, et gagneront souvent. Là-dessus les prêtres, les riches et les académiciens s'entendent très bien. Ils nous font peur de la peur et honte de la peur, et nous voilà sous les drapeaux comme on dit, et eux régnant. Car nous aimons mieux mourir que d'être soupçonnés d'aimer une paix peureuse. C'est pourquoi nous devons chercher la paix par quelque autre discours, faisant ressortir l'injustice des uns, la niaiserie des autres, l'insupportable infatuation des uns et des autres. Ici tout homme se redresse sans aucune peur, et rit. Par où, si l'on saisit bien le moment, les tyrans sont par terre, et la paix assurée par cela seul. Surtout, quand nous voyons les plus redoutables parmi les peuples balancer ainsi que nous sur le tranchant, hésitant entre deux esclavages et cherchant lequel est le plus déshonorant, de supporter l'infatuation étrangère ou l'infatuation nationale. Or on ne peut vaincre la première sans subir la seconde, au lieu que, la seconde vaincue, la première devient par cela seul entièrement chimérique. Mais cela nous ne le prouverons assez que par le fait ; quand les assembleurs de nuages auront perdu ce trop commode pouvoir de faire la tempête en même temps qu'ils l'annoncent. C'est pourquoi allons par où le peuple nous pousse. Car le pouvoir des prêtres peut faire rire ; et même le pouvoir des riches n'est pas grand chose dans la paix; mais comptez comme redoutable le pouvoir qu'ils ont les uns et les autres de nous tenir en armes en vue de se garder une ombre de pouvoir. Ainsi tenons ferme contre le Cléricalisme et contre le Capitalisme en faisant taire l'esprit de subtilité et d'ironie. La paix vaut bien cela. »

J) LA GUERRE EST LA MESSE DE L'HOMME.

Il n'est pas utile de dépeindre le choléra sous les plus sombres couleurs ; mais il est utile de savoir ce que c'est. De même pour la guerre. Une grande peur ou une grande horreur n'y remédient nullement ; une exacte connaissance de la chose est seule utile. Et, en vue de diriger les réflexions de chacun, je rédige le présent Sommaire.

La violence n'est nullement la guerre. Un soldat ne ressemble pas du tout à un bandit qui tue pour s'enrichir. L'idée d'acquérir par la guerre est accessoire et de faible importance ; elle n'aurait aucune puissance sur des hommes qui n'ont jamais pensé à tuer pour voler, comme sont la plupart des citoyens soldats.

La guerre n'est nullement la violence. La violence y survient comme épisode ; mais c'est justement ce qui répugne le plus à ceux qui font la guerre. Et l'ensemble de la guerre est ordonné selon l'obéissance, non selon la violence ; sans haine, sans colère, sans esprit de vengeance.

La guerre est de religion, et de cérémonie. C'est la

Messe de l'Homme, ou la célébration de ce qui est propre à l'homme ; car les animaux les plus féroces songent d'abord à préserver leur vie. Dès que l'Homme doute du courage de l'Homme, la guerre est attendue. Elle est même espérée naturellement par les plus faibles et par les plus vieux, qui sont naturellement portés à douter de l'Espèce. Ainsi les jeunes et les forts sont mis en demeure de fournir la preuve, qui est bonne pour eux-mêmes aussi.

L'Art Militaire donne quelque sentiment de la Cérémonie véritable par des Cérémonies préparatoires, qui font déjà sentir à l'Homme, par l'action et le spectacle, qu'il est plus courageux qu'il ne croit.

Si quelque peuple doute de son voisin jusqu'à le mépriser en parole et en action, il doit se prêter à l'Épreuve. Plus il est supposé courageux et fort, plus l'Épreuve est bonne. L'Estime pour l'ennemi est le sel de la guerre.

La Victoire termine l'Épreuve ; mais l'épreuve est bonne aussi pour le vaincu, dès que la guerre a été aussi longue et meurtrière qu'on pouvait l'attendre. Les deux adversaires sont réhabilités.

Par ces raisons, tous les hommes dignes du nom d'homme courent à la guerre au premier appel, quelle que soit leur opinion sur la Guerre.

L'Art militaire exerce sa contrainte sur tous. Tous la subissent impatiemment, mais viennent toujours à la célébrer comme un bien, lorsqu'ils songent aux vertus étonnantes et aux actions difficiles où la contrainte les a conduits.

L'Honneur est ainsi le véritable ressort des guerres ; ce qui ne laisse qu'un faible espoir aux amis de la Paix. Toutefois, comme les guerres ne se produisent que par la double préparation des Politiques et des Grands Chefs, que l'ambition pousse et que la gloire attire, ce serait un important résultat, et peut-être décisif, si le tribunal d'honneur, qui est composé de l'assemblée des femmes, réservait la louange à ceux qui payent directement de leur personne, et considérait comme avilis et méprisables tous ceux, sans exception, qui ont préparé et conduit une guerre sans se porter de leur propre mouvement au poste le plus pénible et le plus dangereux. Et, puisqu'il est évident qu'un Chef d'État et qu'un Général doivent être ménagers de leur vie, les ambitieux ni les violents ne voudraient plus de ces métiers-là.

LES HYPOCRISIES DE LA GUERRE

A) COMMENT L'ON VOIT LA GUERRE EN BEAU.

De courageux pamphlétaires ont mis au grand jour l'atroce récit, déjà connu de beaucoup, d'un général qui, en punition d'une attaque manquée, donna l'ordre à son artillerie de tirer sur son infanterie ; et autres horreurs. De tels récits ne sont pas utilisables ; et si l'on compte sur eux pour gagner un point dans une lutte difficile, on se trompe. L'excès même du tragique détourne de croire. N'oublions pas que les dehors de la guerre sont pour relever l'âme et la consoler ; tous les lieux communs visent là. Ceux qui ont su voir la guerre en son vrai visage, et non en son masque, ne sont point le nombre. Les autres ont pris parti de voir la chose en beau. L'inhumain, qui est pour les autres une raison de croire, sera pour eux une raison de ne pas croire. C'est sur les ressorts les plus communs de l'institution qu'il faut instruire, et non sur l'événement. Encore plus faut-il se garder de détourner l'indignation en accusant un homme ou un autre. Et c'est un assez fort paradoxe, et qu'il faut conserver en tout son relief, que la guerre réalise des actions inhumaines et féroces par le ministère d'hommes qui ne sont ni cruels ni même méchants. Aussi les détourneurs savent bien louer un général de ce qu'il n'est pas prodigue du sang de ses soldats ; et sans doute jetteraient-ils une tête ou deux à la foule si elle grondait trop. La guerre n'est pas déshonorée par un monstre, ni par un fou.

Mais nous n'en sommes point là. Quand vous éveilleriez la fureur et la pitié jusqu'à obtenir des juges, je dis de vrais juges, vous verriez l'anecdote fondre aux débats ; il n'en resterait rien. Comme je disais, tous les documents de guerre sont rédigés selon le convenable, non selon le vrai. Un homme que je ne crois point menteur me citait le mot d'un capitaine qui, réglant son tir sur un avion d'après des estimations tout à fait inexactes, et averti de l'erreur s'écria : « Je tire quand même. » Le mot est assez beau, si on le comprend par les causes, c'est-à-dire par le jeu des passions. Mais on ne peut prouver, par témoignages, que ce capitaine méprisait les observations télémétriques ; en deux minutes l'avion avait effacé l'événement pour toujours.

Je revois une scène d'observatoire, assez plaisante. La vue était arrêtée à cent mètres par un brouillard laiteux. Les batteries étaient arrivées de nuit dans un pays inconnu, en vue d'effectuer un tir de surprise sur un objectif bien déterminé. Il fallait régler et l'on ne pouvait régler. Comme on n'était plus loin de l'heure fixée, il arriva de loin en arrière la question d'usage : « Tout est bien prêt ? Vous êtes sûr de votre réglage ? » Et l'homme naïf, qui guettait depuis le matin sans voir autre chose qu'une mer de brume, répondit : « Réglage impossible. » « Comment ? dit alors le chef lointain. Tous les autres groupes ont réglé leur tir. A *quoi* pensez-vous donc ? » Le commandant passa par toutes les couleurs ; son visage exprima la surprise, la stupeur, le doute, le regret. La brume couvrait tout le secteur, et il n'est pas douteux que toutes les pièces tirèrent à l'aveugle, comme firent les nôtres. Mais l'homme *qui* n'avait point su mentir assez tôt faisait figure d'ignorant. Aucune enquête ne prouvera qu'un brouillard est resté impénétrable depuis le matin jusqu'à quinze heures. Le fait est que la, briqueterie que l'on visait apparut la même après le tir, quand le brouillard fut levé ; mais cela arrive aussi quand on y voit clair ; l'artillerie ne touche pas où elle veut, si ce n'est dans les rapports d'artilleurs. De telles anecdotes, et tant d'autres, plus tragiques, ne font qu'éclairer le possible, si elles conduisent à remarquer quelques traits de la nature humaine, confirmé par les observations de chacun ; mais c'est d'après l'idée que l'on se fait du possible, du commun, de l'humain, qu'on les juge vraies ou fausses. Ce qui étonne n'instruit jamais.

B) L'HYPOCRISIE DES GOUVERNANTS.

D'après les travaux de la Société d'études documentaires, on voit se dessiner le Grand Procès où la Ligue des Droits de]'Homme devrait jouer le rôle de ministère public. Chacun sait que le 30 juillet de l'année quatorze, à quatre heures du soir, heure russe, la Russie mobilisait, devançant l'Autriche de plus de vingt heures, devançant l'Allemagne et la France de plus de cinquante heures. Il est naturel de supposer que cette importante nouvelle fut aussitôt communiquée au Ministre des Affaires étrangères à Paris. D'après les documents russes, M. Isvolski a lu cette dépêche avant le 31 juillet au matin. Or non seulement cette dépêche manque à notre Livre jaune, mais tout ce que nous savons des démarches françaises en cette journée du 31 juillet montre clairement que nos hommes d'État feignaient de ne l'avoir point reçue ; il est même vraisemblable qu'elle n'a pas été communiquée au Conseil des Ministres.

Remarquez que si ce procès était débattu en Haute-Cour, la défense aurait beau jeu. Car, premièrement, où est l'article de notre Constitution qui oblige le Président, supposé saisi par son ministre des Affaires étrangères, de lire aussitôt en Conseil une dépêche de ce poids-là ? Secondement il y avait plus d'une raison de garder secrète une nouvelle qui ne pouvait que précipiter les événements et annuler toutes les manœuvres de la prudence. Si la guerre devait suivre, il fallait garder ce lourd secret, afin que notre allié gardât l'avance. Si la paix pouvait encore être sauvée, il fallait encore garder secrète, à tout prix, cette dangereuse manœuvre russe. Puisqu'il serait nécessaire alors qu'elle fût arrêtée et niée. Ainsi l'Accusé triompherait sur ce point, et vraisemblablement sur tous les points.

Seulement le procès ne se plaide pas en Haute-Cour, et il ne s'agit point pour nous autres de condamner, mais seulement de connaître. Or cette dépêche russe fait voir que dès le 31 juillet au matin notre Maître savait que la guerre était inévitable, et, bien mieux, qu'à ses yeux notre conduite dépendait absolument de la décision russe, ce qui suppose la résolution irrévocable de suivre la Russie dans son entreprise de protection des Slaves contre l'Autriche. Et nous voilà revenus à l'alliance russe, et à l'interprétation qui en fut donnée dans les entretiens de Pétrograd. Quelles que fussent les clauses, il fut évidemment convenu alors que si la Russie prenait les armes pour la Serbie, nous devions la suivre. Or je crois que les députés qui soutiennent maintenant M. Poincaré auraient approuvé cette politique à ce moment-là, s'ils l'avaient connue ; seulement ils ne l'auraient point avouée et ils ne l'avoueraient même pas maintenant après la victoire. Il y a bien des siècles que le peuple veut une politique, et que l'élite en fait une autre, dans notre pays et partout. Il faut que cette ruse des gouvernants apparaisse en clair. Les purs, ceux à qui le sang d'autrui est comme une monnaie d'échange, et qui le disent, ne sont nulles à craindre ; ce qui est redoutable c'est l'homme politique qui, agissant et pensant comme eux, parle comme nous cet homme n'est pas un, il est mille et plus de mille il a gémi sous la Terreur Radicale, et je vois qu'il recommence à craindre, d'où ces clameurs sauvages. Quand le Congrès du Radicalisme Européen ? Avant dix ans peut-être.

C) LE DROIT D'AIMER LA GUERRE.

Parmi les jeunes qui, au mois de septembre de l'année quatorze, apprenaient en même temps que moi le métier des armes, il y avait un grand garçon à particule, membre de la ligue des patriotes, qui distribuait de petites brochures, auxquelles il ajoutait ses propres discours, emphatiques et plats. Ce bruit emplissait la chambrée. Souvent je tirais ma pipe de ma bouche pour lui demander s'il savait quand Monsieur Barrès s'engagerait pour la durée de la guerre. Et de rire. Les bonnes plaisanteries ne s'usent point. Celle-là a toujours produit son double effet ; l'homme de l'avant se moquait, l'homme de l'arrière s'irritait. J'avais donc sous la main comme un réactif qui me faisait connaître aussitôt, dans le doute, si un homme vêtu en militaire avait combattu ou non. Ce ridicule démesuré, je dirais presque inespéré, a vengé un peu la plèbe combattante. Mais, quoique l'expérience m'ait fait voir beaucoup de choses propres à user l'étonnement, je m'étonne encore qu'un homme en vue ait pu braver à ce point le mépris.

Lejeune héros de la classe quatorze devait m'étonner encore un peu plus. Lorsqu'il fut tombé de cheval deux ou trois fois, sans grand dommage, il se mit à nous parler d'une cruelle piqûre au cœur, et à dire que les médecins autrefois l'avaient condamné à mourir en son printemps, et, pour finir, qu'il demandait quelque poste de vigie au Mont-Valérien, assez heureux, en cet humble emploi, de servir encore sa patrie. Les autres, tout frais pondus, et qui croyaient encore beaucoup aux maladies de cœur, ne savaient que dire. Mais le ciel m'a donné la Rhétorique. « Ne faites pas cela, lui dis-je. Je vous vois encore un mois de vie ; il s'agit pour vous d'en tirer le meilleur parti. Vous allez mourir au Mont-Valérien ; ce n'est pas un bel endroit. Mais plutôt partons pour la guerre. je sais que le colonel ne vous refuse rien. Vous obtiendrez cette faveur en même temps pour vous, pour moi, et pour deux ou trois bons garçons qui s'ennuient ici. N'ayant rien à conserver, vous serez brave. Vous rencontrerez bien quelque morceau d'obus là-bas ; mais, au pis-aller, si vous mourez de peur, ce sera encore une belle mort. » Nous fûmes délivrés de ses discours, et les autres jeunes apprirent à mépriser.

J'écrivis à peu près le même discours à un ami plus jeune que moi de quelques années, et qui, attendant le moment de partir, me réchauffait de lettres martiales, impatient lui-même, disait-il. Malheureusement il sentait au cœur, lui aussi, une pointe douloureuse, et craignait que le verdict du major ne fût pas favorable. Ma lettre ne put rien contre le major. Ce vigoureux garçon fut conservé pour la victoire, et la célèbre encore.

«Mais, me dit le sage, où vont ces paroles cruelles,

qui blessent tant de gens. Est-ce vengeance et encore guerre ? Ou quoi ? » Simplement je manœuvre. je crois que presque tous les hommes ont de l'honneur. je suis assuré que c'est par l'honneur que les hommes les plus vigoureux se défendent de trop penser à la paix. Ce mal est sans remède à mes yeux ; je n'aimerais pas une jeunesse sans honneur. Mais le mal ne serait pas grand si tous les faibles, femmes, vieillards et malades, se faisaient un point d'honneur de ne pas être faible, malade ou vieux. Mais il y a déshonneur si, étant faible, malade ou vieux, on se permet de pousser à la guerre. Du moins c'est ainsi que je vois les choses. Je ne blâme point ; j'éclaire seulement un coin noir.

D) SI L'HOMME D'ÉTAT PEUT AVOIR DES NERFS.

Un ami me disait hier: « Vous savez que Demartial, Gouttenoire, Ermenonville et d'autres, enfin ceux qui mènent l'instruction du Grand Procès, ont des preuves écrasantes. Il ne manque que des éditeurs. Quand la vérité sera au jour il se fera une grande Révolution, sans aucune violence, dans les esprits seulement, mais qui changera heureusement l'avenir politique. » On verra bien. Toute lumière est bonne ; et celle-là surtout. Mais dès maintenant, sur ce sujet-là, je puis dire trois choses.

La première est que la responsabilité d'un Chef d'État et d'un Ministre doit ici être présumée ; c'est à eux comme oit dit de faire la preuve. Ils étaient aux affaires quand le cyclone humain s'est produit. N'ont-ils pas pris pour eux, comme une couronne, la gloire militaire et les provinces reconquises ? S'ils croient que tant de morts, de souffrances et de ruines soient justifiées et effacées par la Victoire, tant mieux pour eux ; ils peuvent dormir. Mais devant ceux qui refusent de justifier de tels moyens par aucune fin, ils sont accusés ; et, comme on dit : « Les morts pendent à leur cou comme des meules de moulin. »

En second lieu, je veux dire que la défense est faible. Personne ne nous a encore rapporté les entretiens de Pétrograd tels qu'ils auraient pu être, si notre politique avait pris pour fin de maintenir la paix. J'imagine aisément ce qu'aurait pu dire au despote oriental quelque négociateur moins soucieux de faire parade du courage des autres que de ménager le plus beau sang humain. « J'ose conseiller la prudence et la patience. Je désapprouve toute action et tout commencement d'action. Je devine d'immenses *projets et* de redoutables ambitions autour de vous. Aussi je rappelle que notre alliance a toujours été purement défensive ; que c'est ainsi qu'elle a été *présentée au peuple* français ; que c'est sous cette condition qu'il l'a approuvée ; que nous avons publiquement juré, de concert, que cette union de nos armes n'avait d'autre fin que la paix. Il nous faut donc attendre quelque attaque directe et bien claire. Et si nous l'attendons, nous, sans peur, avec tout le calme d'un peuple juste, quand l'ennemi peut être d'un saut à notre cœur même, nous pouvons bien demander et même exiger quelque circonspection d'un immense pays comme le vôtre, tellement moins vulnérable par sa masse et son étendue, et dont nous savons, au surplus, qu'il ne recevra pas le premier choc. » Si ce discours avait été fait, il en resterait quelque trace. Mais, bien loin qu'on nous ait rapporté rien de tel, nous avons recueilli une sorte d'aveu. « Les nerfs de l'Europe étaient à bout. » Ce mot du ministre Viviani, qui fut acteur et témoin, n'a pas même été remarqué, tant il exprime ingénûment la vérité de la chose. Et la question est de savoir si un homme d'État peut se permettre d'avoir des nerfs, et comment il a pu, après quelque mouvement d'acteur tragique, se consoler *autrement qu'en se* portant lui-même à la tranchée à la manière des Collignon et des Bayet. C'est ainsi que l'homme de troupe pose la question.

Troisièmement on nous a fait entrevoir, on *se propose* d'établir par documents, que notre politique, longtemps avant la crise, connaissait les ambitions russes, qu'elle les approuvait ; qu'elle traita sans faveur ceux qui signalaient d'avance la tragique aventure dans laquelle nous risquions d'être entraînés ; qu'elle fit confiance, au contraire, à tous les diplomates, français ou russes, qui annonçaient et même préparaient l'Occasion. On suppose que, si cette preuve est faite, l'esprit public chez nous écartera résolument des affaires non seulement ceux qui ont poussé la barre de ce côté-là, mais aussi ceux qui les éprouvent, et jusqu'à ceux qui, par les lieux communs, par le ton, par l'allure même, s'annoncent comme leurs dignes successeurs. Grande Révolution en effet. Mais je vois qu'elle est faite.

E) CELUI QU'IL FAUT ACCUSER.

« Circulaire recommandée. Le premier jour de la mobilisation est le dimanche 3 août. » je ne crois pas que ceux qui ont lu cette affiche blanche en oublient jamais le contenu ; mais la forme même de cet ordre effrayant mérite attention. L'Administration y a mis sa marque. L'État se montre ici sans visage, comme il est ; en sorte qu'on ne trouve point ici de colère, ni même de gravité ; ce n'est qu'une note de service, qui s'adresse cette fois à quelques millions de fonctionnaires, tout citoyen en âge de servir étant fonctionnaire. C'est à peu près comme si on nous avait dit ceci : « Pour des raisons d'ordre administratif, et conformément à trois mille six cents circulaires antérieures, la plupart confidentielles, toutes les libertés sont suspendues, et la vie des citoyens âgés de moins de cinquante ans n'est plus garantie. » Non point un chef, mais des milliers de chefs ; non point une volonté, mais une effrayante machine ; non point l'hésitation, la pitié, ni plus tard les remords. Ce genre d'oppression est moderne ; les anciens ne s'en faisaient aucune idée, pas plus que des chemins de fer. J'eus plus d'une fois l'occasion de remarquer par la suite la puissance de cette organisation mécanique, qui pousse les hommes comme des wagons. Mais le même caractère pouvait être saisi dès le commencement. Ce tyran sans visage ne laisse jamais aucune espérance ; aussi n'y eut-il point de discours, mais chacun alla graisser ses bottes.

Qui donc décide des armements ? Qui des effectifs ? Qui des alliances ? Qui de l'interprétation des alliances ? Toujours un cercle d'hommes compétents, où chacun cherche la pensée des autres, ou bien des hommes qui pensent sur circulaires et instructions, ou bien des hommes polis qui mettent des lieux communs en discours. Raisonnement toujours, non jugement. Au sommet, car il y a un sommet, toutes les idées ensemble, et équivalentes ; la paix souhaitée, la guerre préparée ; la paix si on peut, la guerre si l'on ne peut faire autrement. Nulle préférence avouée ; nulle préférence cachée. Gouverner, c'est suivre les nécessités et s'en remettre aux compétences. Chaque homme, dans ce système, est un bon homme qui fait son métier ; ou plutôt chacun fait une partie du métier. On assemble les pièces comme on fait une addition ; on dit: « c'est la guerre » Chaque homme devant ce résultat réagit à sa manière, mais le Système ne réagit nullement. La guerre arrive comme la pluie. Allez-vous accuser le baromètre ?

J'accuse le baromètre. J'accuse un homme qui, maintenant comme en ce temps-là, constate et ne décide point. Un homme qui réunit des commissions et qui, de leurs pensées, si l'on peut dire, compose ses pensées. Un homme qui est la résultante de l'État sans visage. Mais laissons les récriminations. La responsabilité ici s'émiette. Nous cherchons un homme et nous trouvons des bureaux. Nous cherchons une décision et nous trouvons une Circulaire Recommandée. Où est donc le mal ? En ceci, que le formidable État, composé de militaires, de diplomates et d'administrateurs, n'a point de maître. Cet instrument aveugle marche seul. Le peuple puissance agit ; le peuple pensée n'est point représenté ; enfin le gouvernement n'est que la pointe extrême de l'engin mécanique. Cette situation du Bureaucrate régnant est nouvelle. Il faudrait un Gouvernement contre l'État ; nous en avons connu l'esquisse. Cherchez dans l'histoire de ces cinquante années quels hommes furent maudits par les plus éminents Bureaucrates, quels hommes furent redoutés, calomniés, proscrits avec l'approbation des Compétences militaires, diplomatiques et administratives. Maintenant étudiez ceux qui nous gouvernent, en leurs discours, en leur prudence, en leur constante faiblesse, en leurs abstentions, en leurs négatives vertus, vous comprendrez en quel sens ces Effets furent Causes.

F) CE QUE LES SURVIVANTS
ONT À SE FAIRE PARDONNER.

Un jour que je parlais à un homme raisonnable de tous ces documents et raisonnements sur les origines de la guerre, qui voyaient enfin le jour en même temps que la liberté nous était rendue, il prit un air froid et mécontent que je ne lui avais jamais vu. « Je n'aime pas, dit-il, ce genre de procès ; cela détournera les Allemands de payer, et nous de les forcer à payer. » Il y a bien deux ans qu'il me fit cette réponse ; j'ignore ce qu'il pense maintenant des affaires ; je soupçonne qu'il n'en pense rien parce qu'il s'interdit de penser plus loin que le mark-or. Et peut-être les hommes de pierre qui siègent à la Ligue des Droits de l'homme sont-ils établis aussi dans cette forte pensée. Je n'en serais pas surpris ; les raisons inférieures sont toujours bien fortes ; et c'est une fade plaisanterie que de vanter à un marchand qui perd, les mérites de son concurrent heureux. Le même homme, auquel je pensais, me disait sagement, c'était avant la guerre : « Nous disputons de tout et nous restons amis, parce qu'il n'y a point d'affaires entre nous, ni d'intérêt, ni aucune trace d'argent. »

Il y a un contraste qui est bien frappant, si l'on y songe, entre les pensées que formait un combattant devant la mort, et celles que nous formons devant le cours du franc. Le combattant risquait tout son avenir et tout son univers pour la paix et le salut des autres ; je n'examine pas si cette noble pensée aurait suffi à l'amener où il était, et à l'y maintenir ; mais enfin elle lui paraissait belle et consolante. Soyons au moins dix, sur la planète, à retenir la formule sublime : « Nous nous battons pour tuer la Guerre » Voilà donc un homme, estimé et honoré à juste titre, dessiné en marbre, fleuri et salué en son tombeau, pour avoir soutenu cette idée, que chacun reconnaît digne du plus haut modèle humain, et divine, s'il reste au monde quelque dieu. Je ne comprends pas bien comment, nous étant mis à genoux devant ce tombeau vénérable, nous restons après cela à quatre pattes, cultivant aussitôt en nous tous, comme par revanche, les idées les plus basses et les plus courtes. Oui, cet hymne humain s'achève en grognement animal. Nous craignons d'être pauvres, après n'avoir pas craint de mourir. Et c'est le même homme pourtant. Revanche de l'animal en chacun, peut-être.

Il faut dire ces vérités pénibles. Qui donc honore les morts ? On ose bien penser et même dire ceci : « Que nos Morts ne soient pas morts en vain ; que nous recevions au moins le prix du sang. Vingt pièces d'or au moins pour chaque tête. » Mais pensez-vous réellement qu'ils seraient morts pour un milliard ou deux ? Auriez-vous osé leur dire, avant l'assaut : « Courage, mes amis ; nos budgets seront gras ; nous aurons du fer et de l'or. » Ce discours aurait paru ridicule, je ne dis pas même odieux. Non. il fallait les plus hauts motifs, et l'oubli entier de la partie animale, celle qui souffre. Telle est la gloire du combattant ; il ne faudrait pas la fondre en monnaie ; c'est trahir les morts.

Il n'y a qu'un pardon pour ceux qui ont survécu, c'est qu'avec moins de risques ils élèvent plus haut leur pensée. Je trouve bien plaisant qu'on fasse motifs de misère, de resserrements, de travail ingrat, quand tant d'hommes ont souffert plus que la mort. Et quand nos fonctionnaires seraient réduits à la soupe communiste, qu'est-ce que cela si l'on pense à Verdun, à la Somme, à cette boue sanglante, à cette terreur de jour et de nuit, aux souffrances de l'hôpital, à ces tombes serrées et innombrables. Soyons dix au moins, pour l'honneur de l'espèce, à nous détourner de ces monuments hypocrites, et à demander un peu de pudeur seulement. Que les promesses ne soient point violées, car comment se délier d'une promesse aux morts ; que le désir de faire argent de tous ces cadavres ne vienne pas du moins le premier en nos pensées, mais que la volonté de paix marche la première. Je ne voudrais même pas avoir à dire que vous y gagnerez, quoi qu'il soit vrai pourtant que tout ce que nous obtiendrons par force soit comme rien en regard de ce que coûtera l'autre guerre, à laquelle vous allez, à laquelle il ne manque qu'un adversaire armé ; à cela près nous la voulons et nous la faisons. Mais est-ce le même homme ? Ou ne faut-il point dire qu'en cette guerre toute notre vertu est morte, hélas, pour sauver le reste ?

À LA GUERRE
L'HOMME EST OUBLIÉ

A) JOUIR DE SA PUISSANCE.

L'artilleur voit une grande poussière, et des murs qui tombent. Ce jeu ressemble à la chasse, mais se trouve moins barbare dans les apparences. L'artilleur ne voit point le sang ni le cadavre ; il n'y pense même point. Il est occupé de ce tonnerre qu'il déchaîne tout près de lui, preuve de puissance oratoire, à laquelle répond, après une attente, un bel effet de puissance dans le champ de la lunette. Et comme le lien de l'un à l'autre ne se voit pas, l'effet de destruction semble naître du désir et de l'attente. Même le spectateur ne se lasse point alors d'espérer, de guetter, d'applaudir.

Je suppose qu'un aviateur qui laisse tomber ses torpilles pense encore bien moins à décerveler ou éventrer. Il est assez occupé de ce qu'il fait ; je ne sais pas s'il a seulement le loisir d'avoir peur. J'ai entendu et lu plus d'une phrase ridicule sur ces assassins de femmes et d'enfants. Cette injustice si commune, si peu raisonnable, si funeste, qui conduit chacun à penser qu'il lutte pour la civilisation contre les bar-

bares, est sans doute l'effet de la guerre à longue portée ; car chacun ne voit que la poignée de sa trop longue épée, alors qu'il reçoit la pointe de l'autre dans le ventre. Ainsi chacun voit sa propre action comme sublime, et l'action de l'autre comme criminelle. Plus humains, sans aucun doute, si nous pouvions voir d'un seul regard toutes les parties de l'épée.

Beaucoup ont pu constater, et même de trop près, les effrayants effets des obus incendiaires, surtout en 1914, alors que les villages offraient encore quelque chose à brûler. Au troisième coup, tout flambait comme un bol de punch. Il arriva en ce temps, à nos batteries, des obus du même genre, dont on disait merveilles. Imaginez un observateur qui a mission de signaler les premières flammes et qui ne voit rien. Le téléphone lui apporte des qualificatifs peu agréables à entendre. La scène est de haute comédie, et de loin fait rire. Mais, sur le moment même, ses yeux cherchent, désirent, appellent cette flamme qui le délivrera de passer pour ignorant et sot. Avec quelle joie il verra le village s'allumer au loin comme une torche. Et comment voulez-vous qu'il pense aux blessés qui seront brûlés tout vivants ?

Il est facile de tirer un coup de fusil ; il n'y faut qu'un petit mouvement du doigt ; et l'homme n'est plus qu'une cible dans le cran de mire. Je crois que, si la guerre devait commencer par le couteau, les politiques n'y trouveraient pas leur compte. J'ai lu dans les journaux, aux premiers jours de la guerre, un récit qui ne me paraît pas entièrement inventé. Quelques cavaliers ennemis, conduits par un officier, se trouvent, dans une rue de village, en présence de deux ou trois fantassins en patrouille. Ils étaient soudain trop près ; ils se voyaient hommes ; et il y eut un moment d'embarras. Alors l'officier prit le parti de tuer un des fantassins, et fut aussitôt tué lui-même. Cette tragédie courte est belle à comprendre. L'officier vit son métier impossible, et lui-même ridicule. Son geste, à ce que je crois, eut pour fin de punir un mauvais soldat qui oubliait les règlements militaires.

On voyait quelquefois, dans les lunettes de l'artillerie, les guetteurs de l'infanterie s'asseoir sur les parapets et engager conversation d'une tranchée à l'autre. L'ordre était de commencer aussitôt le bombardement. Ce tir était contre la paix, bien plutôt que contre l'ennemi. C'est pourquoi Richelieu avait encore plus de raisons qu'il ne croyait de faire graver sur les canons en latin, la formule célèbre : «Suprême argument des rois. »

B) LA MAJESTÉ DES ARTILLEURS.

Quand la Bertha lança sur Paris ses premiers obus, par-dessus cent vingt kilomètres de pays, nos maîtres en artillerie commencèrent par rejeter dédaigneusement cette folle supposition qu'il existait une pièce de cette puissance, et qu'un obus sorti d'une bouche à feu pût développer une telle trajectoire. Il ne faut pas oublier que notre artilleur tirait péniblement à dix-sept kilomètres, et trouvait même cela très beau. Ce n'était pourtant pas une raison de nier avant même d'avoir examiné. Les canons de Waterloo tiraient peut-être à mille mètres. La trajectoire s'était allongée depuis, par une meilleure poudre, par la culasse mobile, par les rayures, par la ceinture du projectile mais le fait restait le même ; les quantités en étaient seulement changées. Pour celui qui considère froidement l'objet mécanique, et le rapport des conditions aux effets, un simple changement de grandeur ne doit point étonner ; d'après le raisonnement et d'après l'expérience, il doit l'attendre, et nous apercevons plutôt les limites de nos ressources que les limites de la puissance des machines. L'avion qui traversera l'Atlantique n'étonnera personne ; il ne faut qu'y mettre le prix. De même pour le monstrueux canon, il ne fallait qu'y mettre le prix. Telle devait être la réponse de l'entendement.

Mais admirez le mouvement de l'Infatuation. Ce n'est point la balistique avec ses lois qui est en cause ; c'est la majesté de l'artilleur. C'est la compétence qui est visée, c'est le pouvoir qui est visé. C'est cet état heureux de l'homme qui décide sans appel et qui n'écoute jamais les objections. je vois cet homme gonflé d'importance et qui, en tous ses jugements, s'affirme lui-même. C'est le médecin de Molière, et peut-être mieux encore. Car si le malade, devant Purgon, est à peu près au niveau de l'homme de troupe devant le tout-puissant colonel, Molière n'avait pas conçu une hiérarchie entre les médecins. Huit jours de prison, donc, à qui osera parler de cette impertinente pièce de canon. Voilà le premier mouvement. Ce n'est pas l'entendement qui répond, c'est la Vanité offensée. Cela n'est pas ; parce qu'il me déplairait que cela fût. Cette entrée en scène annonçait un développement comique d'ordre supérieur ; mais le trait final dépassa l'attente. Quand on eut cherché vainement des avions dans le ciel, quand on eut recueilli les morceaux du projectile, quand on en, connut la forme et quand on vit les rayures de la pièce marquées sur la ceinture, l'Importance voulut avoir le dernier mot, et l'eut en effet : « Que voulez-vous que je vous dise. Ce n'est plus de l'artillerie. » je n'ai pas encore mesuré ce mot ; il m'étonne beaucoup plus que cette trajectoire de la Bertha, et cette flèche de soixante kilomètres en l'air. On peut prévoir des effets mécaniques ; on n'arrive pas à prévoir les explosions de la vanité ; ces sottises géantes sont hors de l'humanité ; on en rit, et puis l'on s'en détourne. Il faudra pourtant les considérer avec sérieux, par la vue des conséquences, qui ne sont point risibles. Car si les maximes du pouvoir, ses jugements, ses projets se développent selon la logique de l'Importance, alors la sagesse et le bon sens, avec la justice et la paix, sont pour toujours relégués dans la fable Ésopique. Il faut comprendre par quelles causes les petits jugent bien et les grands déraisonnent. Xerxès faisant fouetter la mer est effrayant, et non ridicule. D'après ce mouvement, on juge des autres ; d'après cette belle idée, on juge des autres. Ainsi d'après cette belle idée de l'artillerie, je juge des autres. J'attends tout de l'Importance ; elle a déjà beaucoup donné. Faites la revue, en votre esprit, seulement de ces erreurs de jugement démesurées au cours de la guerre, sur la Russie, sur la Bulgarie, sur la Roumanie, sur la Grèce je ne cite pas tout. Et toujours par la même cause ce qui ne me plaît pas est faux ; ce qui me plaît et me flatte est vrai. Regardons par là, et sans rire.

C) MAUVAISE TÊTE.

J'ai rencontré hier un camarade de guerre. Le tramway l'emportait, mais je trouvai le temps de lui dire : « Toujours mauvais esprit ? » Il me répondit : « Toujours. » C'est un Berrichon de structure massive, bourgeois et bachelier, mais encore assez noueux. Un petit notaire, un peu curé, un peu bûcheron. C'était un soldat raisonneur ; en cela il ressemblait à presque tous ; mais il y mettait un esprit de suite et de modération, ce qui faisait l'attaque plus piquante. C'était au commencement de la bataille de Verdun ; la tour Eiffel et Nauen s'accusaient et se réfutaient. D'où l'on disait que les ennemis étaient menteurs, et que c'était bien connu. Mais lui : « Cela te plait, disait-il, de penser qu'ils sont menteurs. Et à moi aussi cela me plairait ; mais ce n'est pas une preuve. Au contraire, du moment que cela te plaît, pense plutôt que c'est faux. Mais comment savoir ? Eh bien je propose un pari. Nous connaissons cette aventure d'hier soir, et nous savons à un homme près ce qu'elle nous coûte en prisonniers. L'attaque a réussi presque sans pertes ; mais les vainqueurs se sont trouvés ensuite enveloppés et pris presque sans combat. Nous connaissons cela ; c'est la méthode de notre éminent chef de corps. Donc je parie que le Nauen donnera exactement le nombre des prisonniers, sans en ajouter un seul. » Il gagna. Ces raisonnements ne faisaient point scandale. Quand je dis que j'aime mon pays, entendez que c'est cet esprit-là que j'aime. C'est toujours en essayant sa liberté que ce peuple réchauffe son courage.

Le civil a là-dessus des idées ridicules ; tel est l'effet de la peur oisive et d'un zèle qui voudrait payer en discours. L'imagination alors s'égare faute d'objets. Au contraire, par son métier, le soldat perçoit beaucoup et imagine peu. Cette attention, qui seule peut le sauver des périls ordinaires, cherche toujours l'objet réel ; ainsi l'esprit s'exerce comme il faut. La guerre serait donc l'école du jugement pour ceux qui la font, et l'école de la sottise pour ceux qui y assistent en spectateurs.

Je reviens à mon Berrichon. On chanta dans ce même temps une chanson satirique assez bien faite où chacun de nous avait son paquet. Ce n'était pas méchant, si ce n'est pourtant que le Berrichon y était nommé : « le Germanophile ». Il en fut choqué, et ce fut l'origine de raisonnements sans fin. Ce trait empoisonné venait de l'arrière ; non pas du lointain arrière, mais de l'arrière tout proche, du côté des chevaux. Je sus que l'auteur, que du reste je n'ai jamais vu, était surnommé « fils d'archevêque », ce qui voulait indiquer une puissante protection, des pensées irréprochables et la peur des coups. Or j'admirais comme déjà, et si près pourtant de la guerre réelle, l'esprit civil aussitôt se montrait.

Remarquez que je ne crois pas du tout qu'il y ait

des lâches et des braves. Tout homme, autant que je sais, est un étonnant mélange des deux. C'est la situation qui décide ; qui est protégé est lâche, par cette imagination intempérante qui parcourt sans cesse tous les dangers possibles, et sans faire voir aucune ressource. C'est donc principalement faute de penser à une chose réelle et présente que l'esprit s'égare ; et, dans ce flottement, il n'y a point d'autre règle que de chercher quelque pensée agréable, et de s'y tenir collé, comme un chien à son os. D'où tant d'opinions folles, aussi folles, exactement aussi folles que les craintes dont elles nous guérissent, et voulues comme par serment. D'où aussi ce grognement animal et ces dents qui menacent, dès qu'on fait geste seulement de toucher à l'os.

D) POUR LE CHEF L'HOMME
EST UN OUTIL.

Représentez-vous une escadrille en son campement. Les gros insectes étalés et rampant sur la terre ; les tentes dont les toiles claquent comme des voiles de navire. Passe le noir mécanicien, chargé d'outils et de bidons. Voilà les hommes oiseaux, tout lavés, tout parés, canne en main, simples, souriants, amicaux, comme sont des hommes qui n'ont à gouverner que leurs propres mouvements. Puis le commandant, plus sombre de costume, au visage froid et dur ; le seul militaire ici. On ne saisit pas toujours la raison de ces différences, ni ce tyran sévère et triste, en ces lieux où l'amitié, l'honneur, l'audace naturelle et l'esprit d'aventure se lisent en clair sur les jeunes visages. Cette guerre serait noble et libre, comme aux camps du Tasse et de l'Arioste, si le maître voulait sourire. Mais il ne le veut point ; peut-être ne le peut-il point, par l'âge et l'estomac.

Peut-être par d'autres causes. Le grand chef, celui qui poussera demain toute cette année de fantassins, de canons, d'avions, s'inquiète de nouveaux ouvrages que l'ennemi construit en hâte. Il faut que l'aviateur photographe en rapporte l'image. A tout prix. Ce n'est pas un vain mot ; on sait que les chasseurs ennemis occupent l'air. Mais le grand chef ne s'occupe pas des moyens ; il ordonne et il frappe. L'ordre fait son chemin ; d'où ce discours spartiate, pendant que déjà les hélices ronflent : « Il faut que le photographe revienne ; votre mission, Messieurs les deux chasseurs qui l'accompagnez, est de faire en sorte qu'il revienne. S'il ne revient pas, il est inutile que vous reveniez, vous. » On n'invente pas de tels discours. Mais J'ai une autre raison de croire que ce récit est véritable, c'est que J'y retrouve l'esprit de guerre tel que je le vois partout, formé à l'image de l'inflexible nécessité. Le courage le plus assuré n'irait jamais au-delà du possible, comme il faut qu'il aille, sans cette contrainte toujours armée, sourde aux objections, impitoyable. Les choses se passèrent selon ce que le chef pouvait espérer de mieux d'après les difficultés de J'entreprise. Le photographe revint ; on n'eut plus de nouvelles des deux chasseurs.

Il est trop facile de s'émouvoir sur des exécutions sommaires et, selon moi, il y a lâcheté d'esprit à regarder toujours par là. La moindre attaque envoie à une mort certaine une partie des combattants ; personne n'en doute, parmi ceux qui ordonnent l'attaque. Il y a un risque et une chance à l'égard de l'opération elle-même ; mais en ce qui concerne la mort, la mutilation, la souffrance d'un certain nombre d'hommes, innocents de toute espèce de crime, il n'y a ni doute, ni risque, ni chance, mais bien une certitude. Voilà donc une condamnation à mort, sans examen aucun des mérites et démérites, sans considération aucune des raisons ou objections. Non pas comme aux combats de gladiateurs, où le combattant, avec sa résolution, sa force, son adresse et ses armes, avait la garde de sa propre vie. La guerre mécanique en est arrivée à ce point que la mort d'un certain nombre d'hommes, et disons même des meilleurs, entre dans les dépenses prévues de l'entreprise ; et l'usure des divisions, entendez bien ce que cela veut dire, est comptée comme l'usure des pioches, des roues et des canons. Comme on sait que l'on brûlera un certain nombre de kilogrammes de poudre, on sait aussi que l'on changera en cadavres un minimum de poids d'hommes vivants ; sans doute aucun. Or, quand on met un homme ou deux au poteau, sans considérer les raisons qu'ils allèguent, ni même l'erreur possible, vous dites que c'est très différent. Selon mon opinion, l'effet de toute méditation suffisante sur cet effrayant sujet est d'effacer cette différence.

E) LE CHEF TUE POUR ÊTRE OBÉI.

Nous remarquâmes, un jour, près du cantonnement, deux croix de bois, ornées de fleurs champêtres, et sur lesquelles quelque pieuse main avait effacé les trois mots : Mort sans honneur. Voici ce que l'on racontait. Deux fantassins disparurent un soir ; et il résulta de l'enquête que ces fantassins s'étaient volontairement rendus prisonniers. L'incident n'était pas nouveau. J'ai moi-même entendu un de ces soldats au visage creusé par la fatigue et l'épouvante, qui disait à ses camarades et à nous: « On en trouvera des volontaires pour la patrouille ; on en trouvera autant qu'on en voudra ; et on ne les reverra jamais. » Le soldat, comme on pense bien, ne fait pas tout ce qu'il annonce. La plèbe militaire, formée des soldats et des petits gradés, en entend bien d'autres et en dit bien d'autres.

Or, après la double désertion, deux camarades des transfuges dirent qu'on pouvait bien s'y attendre, et cet imprudent propos franchit le cercle des hommes boueux et parvint jusqu'aux guerriers propres dont la mission est de faire avancer les autres. Les deux bavards sont discrètement ramenés dans la zone des états-majors, et l'on arrive, de piège en piège, à leur faire dire qu'ils soupçonnaient les déserteurs, qu'ils avaient entendu d'eux des paroles assez claires ; qu'ils avaient pu se faire quelque idée de leur projet et même des détails de l'exécution, mais qu'ils n'y croyaient point trop, et qu'au surplus ce n'était pas leur affaire, à eux simples troupiers, d'espionner leurs camarades et encore moins de les dénoncer. Telle est la morale du troupier. Quand ils eurent ainsi, de parole en parole, et l'un disant ce que l'autre cachait, découvert à peu près leur vraie pensée, formée par vingt batailles à tout attendre et à ne juger personne, alors la doctrine de Guerre se découvrit à leurs yeux épouvantés. Qui ne s'oppose pas, par tous les moyens, dénonciation, surveillance, action de force, à l'exécution d'un acte qualifié crime, est lui-même criminel. Ils furent condamnés et fusillés. Ces croix fleuries, que nous avions vues, marquaient leurs tombes.

Chacun connaît sommairement, d'après une séance récente de la Chambre, l'exécution de deux lieutenants devant Verdun. Je me souviens d'avoir entendu deux lieutenants, c'était devant Toul, qui s'en allaient rendre compte à l'État-Major d'une attaque manquée. Ils décrivaient la boue gluante et profonde, les fusils inutilisables, les hommes attachés en quelque sorte par les jambes et livrés au feu de l'ennemi ; ils blâmaient ouvertement les grands chefs, et ils revendiquaient l'honneur d'avoir arrêté cette folle tentative aussitôt qu'ils l'avaient pu. La colère les tenait encore ; je suppose qu'ils revinrent au calme et qu'ils accusèrent la nécessité ; sans quoi, convaincus d'avoir refusé obéissance, ils auraient très bien pu être fusillés sur-le-champ. La théorie du Service en campagne, si je me souviens bien, prescrit que les gradés doivent imposer l'obéissance par la force ; cela veut dire qu'il faut menacer du revolver celui qui n'avance point, et le tuer, si la menace ne suffit pas. Et il est clair que les explications de celui qui refuse d'avancer, ou qui prend parti de reculer, ne doivent jamais être écoutées ; nulle raison ne vaut contre un ordre ; et n'importe quel ordre militaire est strictement impossible à exécuter, au moins pour ceux qui sont blessés ou tués ; mais la seule preuve admise est justement qu'ils soient blessés ou tués. Il faut du courage, ou si l'on veut, une sorte de délire enthousiaste, à ceux qui avancent. Mais la vertu propre au chef qui pousse ses troupes en avant, c'est d'être impitoyable. Ou bien veut-on faire croire que la guerre serait possible, si l'exécutant était juge de ce qu'il peut tenter ? En toutes ces enquêtes, en toutes ces révisions, les accusés, qui sont vieux dans le métier, se défendront ; et en vérité je voudrais les défendre, de façon à traduire en jugement, devant l'opinion, la Guerre elle-même, qui est en tous ses détails injuste, féroce, inhumaine. Si le commun des spectateurs arrive à la voir comme elle est, tout sera dit.

F) LE TROUPIER CONTRE SES MAÎTRES.

Jeannot était un canonnier sans peur, qui connaissait jusqu'au dernier détail tout ce que l'on peut apprendre d'après les formes, les couleurs et les bruits. Avec cela presque illettré ; il lisait péniblement, et n'apprit à écrire que vers la fin de l'année quatorze. Terrassier de son état, et fier comme sont souvent les chevaliers de la pelle, qui ne vivent point de flatter ; de plus raisonneur, et ne cédant jamais sur son droit. Mais, dans les moments difficiles, silencieux, calme et prompt ; devinant l'ordre, et chassant la peur par sa seule présence. Au reste sachant tout faire à la perfection, il rapportait d'un trou d'obus rempli d'eau des mouchoirs neigeux et que l'on eût dit repassés au fer. Né brosseur, il avait vaincu l'esclavage militaire du temps de paix par ce genre de talent. Mais, à la guerre, il jouait un jeu plus noble. J'ai souvent eu le loisir de considérer cette face rousse, architecturale, à fortes pommettes, et ce front important, chargé de deux bosses sur les sourcils ; ce genre de tête ne supporte pas le mépris. Or, toujours chantonnant et méditant, il développait une politique remarquable.

Juge expert du terrain, des batteries ennemies et
des tirs, connaissant les bonnes et les mauvaises
heures comme les bons et les mauvais chemins, il était
le plus sûr compagnon dans ces voyages vers l'infanterie qui sont l'épreuve de l'artilleur. En de telles missions, l'homme d'imagination est nécessairement
soumis à l'homme de jugement et de ressource, quels
que soient les grades. Notre Jeannot avait cette décision et cette économie de mouvement qui semble
écarter le péril, et qui réellement réduit les périls imaginaires. D'où une amitié d'un jour, et une réelle égalité, entre le canonnier au rustique langage et le chef
ombrageux. A la suite de quoi Jeannot recevait une
croix, s'arrosait d'eau de Cologne, cirait ses chaussures, et regardait l'adjudant avec une fierté étonnante. Mais, comme on dit, le danger passé adieu le
saint ; cette gloire ne durait pas longtemps ; il retombait aux travaux vulgaires, et sentait de nouveau le
poids de cette administration militaire qui brouille les
attributions, superpose les consignes aux consignes, et
reçoit durement ceux qui réclament, On n'a pas tous
les jours occasion d'aller chercher la soupe à travers
mille périls, ou de tirer un blessé de quelque abri
écrasé, ou d'éteindre des gargousses qui flambent.
Après quelques semaines de persécutions, de méditations et de discours à soi, le canonnier Jeannot essayait d'une démarche décisive ; il demandait à passer
dans l'infanterie. C'était mettre sa vie en jeu ; mais
c'était l'occasion aussi de reprendre avantage et d'être
écouté ; cette tête orgueilleuse n'exigeait pas moins.

Si méprisé que soit l'homme de troupe, en ce régime de despotisme oriental, il peut toujours braver
ses maîtres pourvu qu'il surmonte la peur ; et c'est par

ce détour que ceux que l'on appelle les mauvaises têtes agissent souvent en héros. On a assez dit qu'un chef doit à son pouvoir même de ne pas se montrer inférieur à ceux sur qui il règne ; j'ai souvent remarqué un autre effet du pouvoir despotique, et que je n'avais pas prévu, c'est que l'orgueilleux subordonné veut du moins être supérieur en quelque chose, et y parvient souvent. Le pouvoir a comme on voit plus d'une ruse, et va à ses fins par plus d'un chemin. Je regardais donc Jeannot qui livrait ses batailles, et remportait la victoire par son courage seulement. Mais où était l'ennemi qu'il fallait vaincre ? Tout proche, et c'était le Maître. Jeannot combattait pour la liberté, comme les journaux disaient, mais non pas comme ils l'entendaient.

NÉGLIGENTS ET IMPORTANTS

A) L'UNION SACRÉE. SACRIFICE AUX IMPORTANTS.

Lorsque l'Union sacrée se trouve rétablie pour un temps entre le capitaine et l'homme de troupe, soit par le danger commun, soit par la vertu de la Cérémonie, ils sont l'un et l'autre immédiatement heureux par l'imitation des émotions et par l'échange de signes concordants. L'homme est alors meilleur qu'il ne voudrait, et cela est assez beau ; il faut bien quelque terme à ces mouvements de mépris ou de vengeance qui suivent des rapports hiérarchiques et qui abrégeraient la vie par la tristesse. Mais ce bonheur étonnant ne nous instruit point du tout sur les opinions qu'ils peuvent former l'un et l'autre concernant leur intérêt ou leur propre importance. Autant qu'ils réfléchissent, il est clair que l'un suit son intérêt et ses passions, tandis que l'autre obéit à la triste nécessité. Analysez ce contrat l'un se dit : « Je ferai ce que je voudrai », et l'autre « je ferai ce que vous voudrez. » L'un cède à son penchant, et l'autre y résiste ; l'un étend sa puissance, et l'autre abandonne toute puissance ; l'un est porté au-delà de ses espérances ; l'autre abandonne toutes ses espérances. Il est trop facile pour le chef d'aimer qu'on obéisse ; il est trop difficile pour l'homme de troupe d'aimer l'obéissance, de l'aimer sans réserve ni précaution. Quand l'un s'emporte avec bonheur et fouette sa propre émotion, il est inévitable que l'autre au contraire se reprenne et se donne un terme, d'où l'on jugera trop vite que l'un est généreux et l'autre sec. Mais il est dans l'ordre que le maître ne sache rien de l'esclave.

Je veux bien considérer cette sorte de frise à l'antique, que l'éloquence a déjà plusieurs fois dessinée. Vaillant et de Mun, tous deux vénérables par l'âge et par la fidélité à soi, s'avancent l'un vers l'autre et s'embrassent. Certes cela est immédiatement beau ; mais par réflexion je ne puis méconnaître que l'un des deux sacrifie plus que l'autre. Car le noble réalise ici ses espérances, et reçoit le serment du prolétaire ; mais le prolétaire ne reçoit aucun serment. Ce qui est nié, en ce sacrifice, c'est tout ce que le prolétaire affirmait de tout son vouloir depuis qu'il affirmait quelque chose, c'est-à-dire justice, égalité, paix, fraternité entre tous les hommes. Ce qui est affirmé au contraire, c'est ce que l'officier de cuirassiers affirmait de tout son vouloir depuis qu'il affirmait quelque chose, c'est-à-dire pouvoir fort, inégalité, guerre. L'un abandonne tout, et l'autre prend tout. L'un se pose, et l'autre s'immole. L'un arrive au moment espéré, l'autre au moment redouté. L'amour de la patrie est puissant sur tous ; mais il faut reconnaître que les puissants aiment leur puissance en même temps que la patrie. Ce que la patrie leur demande et qu'ils accordent avec une énergie bien naturelle, c'est d'être plus puissants que jamais, plus prompts que jamais à soupçonner et à punir. Au prolétaire, la patrie demande justement de céder le peu de liberté qu'il a, de se démettre du peu de puissance qu'il a, trésor péniblement conquis, toujours disputé. C'est lui-même qui doit le nier, qui doit le rejeter de lui, faisant confiance à ceux qui ne lui ont jamais fait confiance, et remettant enfin la décision aux mains de ceux qu'il a mille raisons de craindre, de ceux qu'il croit aveugles et injustes par état. Bref, il jure d'obéir contre ses idées, tandis que l'autre jure de commander selon ses idées. Le moins qu'on puisse dire là-dessus, c'est qu'un contrat de ce genre n'est pas pour toujours ; et voilà ce que le maître ne comprendra jamais. Jupiter fit heureusement les couronnes trop petites.

B) WILSON

Sur l'illustre Wilson, j'écrirais difficilement quelque chose d'exact et de mesuré. Ici les passions politiques s'éveillent ; ici est rassemblé ce que je ne puis m'empêcher de haïr, pour insulter ce que j'aime. Je ne puis oublier qu'après ce que nous eûmes combattu pour la Grande Paix, il se leva, parmi les Politiques, un homme qui parla en notre nom ; ce fut Wilson. Je ne puis pas oublier que dans le même temps quelqu'un fit entendre, face à l'ennemi vaincu, la solennelle condamnation de toutes nos espérances. Oui, cet esprit de misanthropie et de faiblesse osa, c'était la première fois qu'il osait quelque chose, élever la voix après tant d'héroïsme, après cette preuve mille fois donnée que l'homme est capable de vouloir contre la mort. Oui, il osa enseigner, il ne cessa plus d'enseigner que c'est folie à l'homme de croire en l'homme. Cette voix glaça les cœurs. A ce moment-là, je prédis la prompte chute de ce déclamateur plus redoutable que les canons et les mitrailleuses. Prédiction ridicule. Tout ce qui est sans courage se moqua de moi. je n'ai point changé et je ne changerai point. Vive le grand Wilson toujours.

Je n'ai point changé, parce que je vois très bien comment le piège est fait. Il faut vouloir. Il faut vouloir. La guerre n'a nullement besoin de nos volontés ; elle vient par la lâcheté la plus profonde de l'esprit. Elle vient par cette sombre idée que le plus bas de l'homme mènera toujours tout. Idée facile à recevoir, trop facile. On n'a pas ici à rassembler ses forces, à rechercher des témoignages, à faire sonner humainement sa pensée, à s'élever enfin au-dessus de soi. Non ; cette opinion monte jusqu'à nos lèvres comme une marée ; nous n'avons qu'à nous laisser noyer après avoir bu. Qu'y a-t-il donc dans nos histoires qui ne soit passion, rivalités, guerres, massacres, vengeances. Il n'est pas un champ de bataille, sur cette frontière sanglante, qui n'ait vu cent batailles déjà. Il n'est pas un grand ministre, il n'est pas un grand roi, depuis qu'on écrit l'histoire, qui n'ait fait avancer des troupes à l'appui de ses raisons ; par quoi ils ont conquis une gloire éternelle. Qu'y faire ? L'homme est ainsi.

Oui, l'homme est ainsi fait que, dans les légions de César comme dans les nôtres, on a toujours trouvé des multitudes d'hommes capables de vaincre la peur, et de choisir la mort et la souffrance plutôt que la honte. « Le vice fomente la guerre, la vertu combat ». Ce mot de Vauvenargues éclaire toutes les victoires. Toutes les victoires sont de volonté, et sur l'animal. L'homme est dévoué à l'homme jusqu'à ceci qu'il donne sa vie. Non point dans les sursauts de la fureur ; ces mouvements ne suffiraient point pour la victoire. La Guerre demande bien plus, et elle l'obtient. C'est l'esprit de discipline qui triomphe à la guerre, et l'esprit de discipline c'est l'esprit de paix. Or il est vrai que la guerre a besoin de notre dévouement, de notre volonté, de notre courage. Mais soutenir que ces choses manqueront, c'est se moquer. Le déclamateur juge trop d'après lui-même. Je me souviens d'avoir rencontré plus d'une fois ce combattant d'un autre genre, noir de charbon et couvert de toiles d'araignées ; il sortait de la cave après le danger. Il crie maintenant : « Ne posons pas les armes, ou nous sommes perdus. » On n'entend que lui. Jusques à quand serons-nous dupes des poltrons ?

« Mais, dis-je, chose ... je n'aime pas ces chose qui ...

C) CLÉMENCEAU ET POINCARÉ

Clemenceau appartient à la légende. On oubliera les fureurs politiques. Le procès Caillaux est une laide chose mais dans un temps de massacres, cette intrigue paraîtra petite. Toujours est-il que le rude vieillard, rusé aussi, a laissé à d'autres le ridicule de cette affaire, par cet art d'ignorer, qu'il a porté au plus haut point. Il faut garder les proportions. Les prisons de Caillaux paraîtront de peu à un fantassin qui a perdu une jambe. Il faut que la colère soit indignation, j'entends dirigée. Je me souviens d'avoir expliqué ces choses à un blessé mal guéri, mais plein de résolution. Je remontais jusqu'à l'Affaire Dreyfus, souvenir pour moi, légende pour lui. Clemenceau portait déjà le chapeau sur l'oreille et sortait du Palais de justice à pied et les mains dans ses poches, à travers une foule disposée à l'assommer. Mais la foule s'ouvrait devant lui, car le courage plaît. Légende ; mais qui s'accorde avec la vie entière de l'homme. Décidé, imperturbable, toujours payant de sa personne, toujours en pointe d'avant-garde.

« Mais, dit le blessé, je n'aime pas ces casse-cou au pouvoir ; c'est nous qui payons pour eux. » Il est vrai qu'en une de ces affaires marocaines qui furent la suite d'Agadir, il fut intraitable devant les réclamations allemandes, et jusqu'à effrayer ses amis. Mais faisons aussi la part de la chance. Il n'eut pas à signer le décret de mobilisation. Par un secret instinct, dont je pourrais rendre compte, dont je rendrai compte quelque jour, je ne crains pas tant un risque-tout ; je crains plutôt les bavards, les vaniteux et les poltrons.

« Je fais la guerre. » C'est le mot d'un homme qui la trouve engagée, et qui délibère seulement sur les moyens, comme font les généraux, mais aussi qui y va voir, et de près, ce que les généraux ne faisaient pas toujours. C'est pourquoi il ne fut point reçu à coups de pierre, comme il arriva à d'autres. Et, pour la légende, il fait figure de général en veston et petit chapeau. Les détails sont inventés sans doute ; mais la Légende est droite ; et l'homme, par le bien et par le mal, la petit porter. Ces choses sont bonnes à célébrer. Ne craignons point de louer le vrai courage, et même de le grandir selon le mouvement Épique. Celui qui fait la guerre est juste et pacifique par la vertu de son action. L'homme dangereux et funeste c'est celui qui veut la guerre, et ne la fait point, et n'y va point voir de près. Mais il y a pis : c'est le comédien de guerre, qui n'ose considérer l'horrible chose et toutes ses suites, qui ne le peut même pas ; mais qui voit l'applaudissement, qui cherche l'applaudissement, qui se redresse, qui défie, qui s'agite, qui menace, qui promet, qui insulte, et pour finir, s'enfuit en appelant au secours quand il voit que la maison brûle. Cette puérilité redoutable est en beaucoup, peut-être en tous ; la Légende lui trouvera un corps et un visage, sans chercher loin. Simplifiant aussi par là, et grandissant la Vanité Bavarde comme elle grandit l'Énergie Laconique. Tenons divisées ces deux images, et dessinées en lignes simples et fermes. Le Jugement ouvre les chemins de la Paix.

D) SI BRIAND EST TRANSFUGE.

« A insi, me dit quelqu'un, vous soutenez Briand : c'est cet homme tant de fois et si tranquillement infidèle, qui a votre confiance. » Le conversation était venue sur cette séance de la Chambre où l'Important fit le siège du Négligent. La discussion s'éleva bientôt jusqu'au ton le plus vif, car il y avait là, comme en tout cercle de rencontre, les deux politiques en présence. Mais la politesse, et même un certain degré d'estime, nous détourna de l'injure. L'on en vint aux pronostics, et j'expliquai pourquoi, à mon sens, le principal interpellateur n'est pas aimé ; à cela il n'y avait rien à dire, et c'est ainsi que je m'attirai la réplique que j'ai citée d'abord, et sur quoi je veux réfléchir.

Je n'aime point trop, et je l'ai assez écrit, ceux qui émigrent d'un parti dans un autre ; et J'ai plus d'une raison de vouloir que les pensées de l'âge mûr développent les premières affirmations de la jeunesse. Vauvenargues l'a dit en termes admirables : « Qu'est-ce qu'une grande vie ? Une pensée de jeunesse réalisée par l'âge mûr. » Je crois fermement que si l'on ne se soumet pas à cette condition, de se développer soi-même selon le premier choix, on n'aura point d'idées du tout. Aussi, dans les dix années qui ont précédé la guerre, et parlant de ma tribune provinciale où j'avais encore plus d'auditeurs que dans celle-ci, je bataillais ferme contre le Rhéteur à tout faire. Je me fis même des querelles avec mon Directeur, mais finalement il céda, tant la liberté de l'écrivain est honorée dans ce charmant pays.

Maintenant je me fierais à l'homme. Et pourquoi ? C'est parce que le jeu des circonstances l'amène à parler et à agir selon sa première nature. On peut émigrer d'un parti ; on n'émigre point de sa propre nature. Un homme peut faire la guerre sans l'aimer. Il peut même la décider sans l'aimer. Cela se voit toujours à la manière de dire ; la vraie nature se retrouve dans les gestes et dans les métaphores. Il y a un genre de déclamation qui ne passera point par ce gosier-là. Et au contraire il y a des Hommes trompettes, qui ne savent sonner que la charge ; et ceux-là aussi peuvent bien louer la paix et la promettre au monde ; mais cette chanson ne résonne point en eux ; ils ne l'aiment point. Le métier n'y fait rien. Le maréchal Foch a parlé plus d'une fois de la paix et très bien ; ce n'est pas un Homme trompette. Mais on trouverait parmi ses collègues de l'Académie plus d'un homme trompette, j'entends de ceux en qui les discours guerriers sont les seuls qui résonnent, les seuls où ils jettent leur première nature. A-Li premier son de voix je reconnais l'homme qui fera tuer les autres ; homme plus dangereux à mon sens qu'un dépôt de grenades ou qu'un amas d'obus à l'ypérite. Par opposition, et dans l'état actuel de la politique, je ferais confiance à l'homme qui ne sait pas claironner. Là-dessus il ne peut me tromper, quand il le voudrait. Là-dessus il sera toujours sincère. Le ton fera la chanson.

E) LES BERTHELOT

Cette race du grand Chimiste est, en valeur humaine, mille fois plus précieuse que ces hommes de Lilliput qui la tiennent maintenant dans leurs filets. Ce noble et impétueux sang est comme un réactif et un dissolvant qui aussitôt attaque, réduit et assimile tout ce qu'il rencontre, homme ou chose. Comme la chimie n'est point contemplation, mais action sans relâche qui cuit, refroidit, surprend et rompt les substances, ainsi ce genre de penseur, fils de chimie, n'attend point, mais cherche toujours passage, et trouve passage, creusant et divisant toujours, quel que soit le genre d'obstacle qu'on lui propose. Et celui des trois qui s'est établi Contemplateur ressemble aux autres en cela. Que ce soit Pyramide, Sphynx ou Bouddha, peinture ou ferronnerie, religion ou doctrine, poésie ou prose, tout est promptement saisi et digéré par ce mangeur infatigable. Et si ce Contemplateur était mis en quelque poste actif, avant que vous ayez achevé la phrase introductive de vos recommandations, il aurait déjà fait son trou dans la chose sans seulement vous écouter.

Au métier de chimiste, l'esprit n'apprend point les égards, ni aucune prudence. Mais semblable au chirurgien qui est attiré par l'action immédiatement utile et avance son bistouri par où il voit passage, toujours regardant, nullement écoutant, ce genre d'homme, dès qu'un problème lui vient sous les yeux, aussitôt l'attaque et le change, et déjà se trouve en train d'agir quand on lui demande d'examiner. Ce qui mille fois échappe aux critiques, parce que les précautions de l'homme irrésolu n'ont plus de lieu ni aucune apparence dès que l'action a changé les perspectives. Et c'est en avançant que l'alpiniste trouve un appui pour son pied. De même l'homme d'entreprise ne pense point au risque, mais réduit le risque par une continuelle action. Liberté en acte. Modificateur essentiellement, et briseur de fatalité, comme ces acides et bases qui donnent puissance et science en même temps ; comme cette chimie qui ne sait point connaître sans modifier. Homme solitaire. Homme secret. Dès que deux hommes délibèrent, l'occasion échappe.

Je ne crains nullement un tel homme, et je lui permettrais beaucoup. L'erreur de celui qui pousse l'outil est sentie par l'outil et promptement réparée. Mais rien n'égale l'erreur coûteuse de celui qui craint de se tromper, qui prend toujours conseil et ne décide jamais. Pur discoureur celui-là, et qui s'arrête toujours à décrire l'ordre des forces ennemies ; qui, par la manie de tout prévoir, se limite à annoncer le pire, et qui, finalement, peut bien avoir raison, car le pire arrive de lui-même, comme l'éboulement. Par exemple il est assez clair présentement que la guerre se reforme d'elle-même ; l'annoncer n'est rien, car un enfant l'annoncerait. Mais il faudrait agir au lieu de prédire, et changer l'événement au lieu de l'annoncer. Oui l'attaquer et le dissoudre par la virile méthode du chimiste à redingote tachée qui revit en ses enfants. Bref je ne crains pas celui qui ose dès qu'il sait, parce que le chirurgien ne peut couper de travers s'il a science droite.

L'Irrésolu annonce toujours une action étonnante, et l'on ne voit rien venir. Ou plutôt on voit venir l'aveugle destin qui, comme un pal, donne une sorte de raideur à ces molles natures. L'action vraie n'est pas théâtrale, après délibération et d'un seul coup, mais action de termite, toujours creusant. Et j'aperçois ici sous un nouveau jour ce que Platon disait, que nul n'est méchant volontairement ; car ceux de l'un et de l'autre bord qui disent : « je n'ai point voulu cela», disent vrai, hélas ! Ils n'ont point voulu cela ni rien ; et quand on ne sait pas vouloir, tout se déroule selon les forces mécaniques, ou forces basses, qui ne sont point tendres. C'est pitié, donc, de voir les Forces Hautes maintenant prisonnières en Lilliput, et deux Berthelot mis à la question. Radicaux malgré eux ; ce sont les meilleurs.

F) JAURÈS

La part de Jaurès fut celle du Jugement ; et c'est la plus belle. Car n'importe quel pouvoir a ses pièges, et sans doute aussi ses lois et conditions. Un chef de qui dépendent avancement, faveurs et tout, voit le plus laid des hommes. Être salué d'une certaine manière est un mal dont on ne se relève jamais tout à fait. L'expérience fait voir aussi que les tempêtes de l'humeur sont bonnes aux courtisans comme le fouet aux chiens. Il faut toujours que le pouvoir soit mal entouré ; c'est inévitable, par la nature de ceux qui se poussent, et aussi par les parties honteuses que tous montrent à ce jeu. Contre quoi les uns trouvent l'éclat de colère, d'autres le mépris, et d'autres l'indifférence ; mais il faut toujours quelque arme, offensive ou défensive. Il y a de grandes chances pour qu'un homme y devienne misanthrope, s'il est seulement autre chose qu'un vaniteux. Les compétitions aussi et les attaques obliques donnent une défiance et même une ruse. Tel est ce voile politique, toujours tendu entre le monde des hommes et le regard gouvernant ; aussi les meilleurs des gouvernants sont-ils avides de l'art, de la musique et même des idées d'autrui. Voyageurs et amateurs en leur repos.

Il n'était pas nécessaire de voir Jaurès bien longtemps pour reconnaître l'autre espèce d'homme, le Contemplateur. Assez de poésie en lui; assez de bonheur en lui. Directement fils de la terre ; rustique d'aspect, ingénu, sans aucune ruse d'aucune sorte. Resté tel par profonde sagesse. Écartant, faisant place devant sa vue ; ou bien, si les hommes le pressaient, regardant par-dessus leur tête. Revenant à eux de loin ; jetant l'air des perspectives sur eux ; les éloignant ; les percevant dans la masse. Devant cet œil artiste, je sentis que J'étais un homme entre beaucoup, représentatif, et par là mieux ressemblant à moi-même que je ne puis être pour la politique, qui se demande toujours : « Que veut-il et qu'offre-t-il ? » Mais il est clair que ces questions ne venaient point à l'esprit de Jaurès, et qu'elles l'auraient importuné ; mieux, qu'elles auraient brouillé sa vue. Je l'entendis juger la politique Caillaux, en peu de paroles, et, autant que je sais, selon une équitable appréciation ; c'était à la veille du procès et à l'avant-veille du grand drame où lui-même devait périr. Et j'admirai comment il renvoyait les hommes et l'homme du jour à distance de vue. Sur la montagne il était, considérant la terre et les royaumes, dont il n'avait voulu et ne voulait nulle part.

Il est faible de dire qu'il eût été ministre, et premier ministre, s'il l'avait voulu. Il n'était point sur le seuil ; il n'appartenait pas à l'ordre des ambitions. C'est encore trop peu de dire que, par une profonde culture, il voyait les pièges et les fautes possibles, et qu'il avait coupé les ponts entre le pouvoir et lui. J'ai connu un ou deux hommes de vraie puissance, qui se retranchèrent ainsi dans le socialisme par précaution ascétique. Mais Jaurès n'avait point tant à se défier. Je le vois plutôt cherchant la meilleure place pour être spectateur, et la trouvant bientôt. Établi donc là ; ordonnant les hommes et les choses pour lui et pour tous, par les moyens de l'Éloquence Contemplative. Alors, selon l'occasion, décrivant, analysant, démontrant ; toujours faisant marcher ses raisons et ses personnages comme une foule que l'or voit passer. Mais lui ne passe point parmi la foule ; il n'est pas dedans. Je ne crois pas qu'il eut jamais une parole pour se défendre lui-même. Il était autant hors de prise, à son banc de représentant du peuple, que s'il fût resté à l'ombre dans son jardin, lisant Homère et Virgile. Il ne pouvait être qu'assassiné ; seul il eut cet honneur.

G) POLYTECHNICIENS BLEUS ET NOIRS.

Les naturalistes ont eu l'occasion, depuis environ l'année dix-sept de décrire une nouvelle espèce de polytechnicien, qu'ils ont appelé le polytechnicien bleu. J'avais depuis longtemps observé le polytechnicien commun, ou polytechnicien noir ; et selon mon opinion le bleu n'est qu'une mutation, due à des circonstances particulières. Au reste même habitat, même mœurs, même nourriture. Vers l'année dix-huit, la variété bleue a presque remplacé l'autre. Aux environs de leur trou, on les rencontrait en colonnes irrégulières, remarquables d'abord par cette couleur bleu azuré, mais distincts aussi du type commun par des membres plus gros et plus forts, un visage mieux arrosé de sang, une voix plus sonore, des rires, et enfin une certaine fantaisie en toutes leurs démarches, que l'on n'observait jamais chez la variété noire. Des noirs on en voyait encore quelques-uns, par deux ou trois, plus pâles, plus maigres, plus mécaniques en leur allure. Maintenant en rangs noirs et serrés ; et de nouveau c'est la variété bleue qui est rare. Hâtez-vous si vous voulez observer la variété bleue (polytechnicus cœruleus) ; je la crois destinée à disparaître avec les circonstances qui l'ont créée Et le retour au type, phénomène connu, s'est fait brusquement comme la mutation elle-même. Bel exemple de la permanence des espèces.

Le polytechnicien noir (polytechnicus niger) a fait la guerre mais la guerre a fait le polytechnicien bleu. Le polytechnicien noir a produit de sa substance la poudre sans fumée, invention parfaitement réussie et parfaitement inutile ; d'après cette idée fausse que lorsque l'on sait où se trouve une pièce) il n'y a rien de plus facile que de la détruire. Le même insecte noir a construit des pièces à tir rapide et à courte portée, d'après deux idées non moins fantastiques, l'une qu'au-delà de sept kilomètres on ne voit plus où on tire, et l'autre, qu'une grêle de projectiles ne peut manquer d'anéantir l'ennemi qui s'avance en rangs serrés. C'est ce même animal singulier qui, pendant toute la guerre, n'a cessé de vérifier les comptes de projectiles, et de signaler avec une énergie toute militaire les erreurs d'addition et de soustraction.

Le polytechnicien bleu fut jeté dans la guerre avant d'avoir pris les notions consacrées, la politesse circonspecte et l'habitude de compter les galons au lieu de poser les preuves. Il a compté les choses elles-mêmes, au lieu de vérifier les états ; il a observé, au lieu de lire, de résumer, de transmettre. Il a jugé l'ennemi, ses hommes, ses chefs, les règlements et tout comme un enfant qu'il était ; en même temps, d'après la sévère préparation des sciences exactes, il est devenu ingénieux au contact de la nécessité. Il a fait nombre de propositions raisonnables, qui ont été écartées en revanche il a pris beaucoup de décisions utiles qui n'ont pas été remarquées. On comprend que la mutation dont je parlais ne s'est pas limitée aux caractères extérieurs ; toutes les idées ont été soulevées et déplacées, et ont repris équilibre d'après un tout autre plan. Il est revenu plein de science réelle et de sagesse rustique. S'il surmonte l'ennui administratif, s'il ne s'enfuit pas dans l'industrie, nous verrons du nouveau ; moins de respect, moins d'intrigue, plus de pensée, dans les finances, les ponts, l'hydrographie et le télégraphe.

Pour peu de temps. Le type noir (polytechnicien niger) se reforme déjà en son intégrité, nourri d'opinions avantageuses, et plus soucieux de faire son chemin parmi les hommes que de faire son trou dans les choses ; observateur de visages ; poli et circonspect ; riche d'arguments et pauvre de raisons ; toujours consultant et délibérant ; péremptoire dans les petites choses, hésitant dans les grandes. Usant des millions à tâtonner, mais relevant une erreur d'un sou. Heureux seulement de quelque théorème de géométrie générale qui, il est vrai, ne sert à rien, mais qui ne contrarie personne.

H) PEUT-ON PENSER SELON LA GUERRE

Chacun a connu quelque Saint-Cyrien. Chacun a entendu conter quelque trait de la tyrannie atroce qu'exercent les anciens sur les nouveaux. je dis atroce, et le mot n'est pas trop fort parce que, dans ces persécutions de chaque jour, le caprice et l'injustice font comme un continuel défi à l'esprit de révolte. D'où plus d'une sombre méditation et des larmes amères ; après quoi chacun prend le parti d'être méchant.

Il y a bien de la sagesse dans ces institutions non écrites ; car il n'est pas à croire que, dans un âge si tendre, beaucoup se résignent à gagner par l'esclavage le droit de tyranniser. Je suppose qu'ils imaginent au contraire des hauts faits selon la tradition chevaleresque, la cordialité, la fraternité d'armes, le souriant courage ou l'enthousiasme sublime ; or ces rêveries offrent ce danger qu'elles éveillent et cultivent la partie généreuse de l'âme, celle qui ne peut souffrir l'injuste d'où qu'il vienne ; et c'est à peu près, dirait l'Adjudant Général, comme si l'on voulait combattre avec une épée d'or. Dans le fond l'héroïsme, considéré militairement, a quelque chose de subversif. Réfléchissez une minute, dit l'Adjudant-Général, et vous comprendrez qu'un colonel d'état-major devrait rougir alors devant un sous-lieutenant couvert de boue ; et comment voulez-vous que ce qui est méprisé garde pouvoir sur ce qui méprise ? Et que resterait-il du prestige d'un général, si l'on s'avisait de le juger d'après les règles ordinaires ? Il faut donc énergiquement secouer et finalement renverser cet ordre moral et ces naïfs sentiments qui feraient bientôt de toute guerre une sédition anarchique. Ceux-mêmes qui ont subi cette espèce de purgation, non sans douleur, font avaler le remède aux autres. Et l'enfant. se trouve formé à l'orgueil, au silence, à la politesse, et devient homme de guerre. Ainsi parle l'Adjudant-Général.

Comme on pense bien, cet Adjudant général n'existe pas. Personne ne pense la guerre et les conditions de la guerre. Au contraire les discours sont hautement convenables ; l'éloquence militaire garde les formes ; mais la tradition militaire change le contenu. Il n'y a point de formule humaine qui puisse enfermer l'esprit de guerre ; chacun le digère et l'assimile sans paroles, ou peut-être par un mélange de railleries immuables et de vaines imprécations. Personne ne s'occupe des vociférations d'un prisonnier ni des plaintes d'un blessé. Choses qui, de toute façon, sont destinées à l'oubli. J'ai souvent pensé que je n'aurais supporté ni le régime des futurs officiers, ni celui des soldats ; mais ce sont des jeux d'imagination ; le régime de guerre, moins pénible à certains égards, il fallut bien le supporter. De même, quand on souffre dans son corps, il faut bien le supporter ; la nécessité ne mesure point nos forces, et se passe très bien de résignation. Ainsi s'explique la puérile doctrine des militaires, toujours à côté de la question.

I) LES OPINIONS DE L'ÉCOLE DE GUERRE.

Le lieutenant-colonel Subtil, polytechnicien, donnait à l'École Militaire la deuxième leçon de son cours de morale, en présence du général inspecteur. Quand on prend comme thème de pensée qu'il ne faut point trop penser, l'idée est fuyante et échappe presque toujours, surtout quand on en est à cet âge, et à ce grade, tous deux difficiles à porter. C'est l'âge ingrat. Mais le lieutenant-colonel professeur tenait son idée à la gorge. Protée avait pris d'abord toutes formes, lion, aigle, serpent, eau claire ; mais maintenant, tenu ferme, il disait tout ce qu'il savait.

« Quand vous êtes sur le point, disait-il, de sauter un fossé, l'idée que vous allez tomber dedans peut être vraie ou fausse ; mais toujours est-il qu'elle vous nuit, si vous tentez le saut. Elle ne peut être utile que si elle vous conseille de ne pas sauter. Supposons maintenant que vous deviez sauter de toute façon ; il est clair que vous devez penser que vous réussirez ; cette pensée même vous donne une chance de plus.

Or, dans toute action militaire, vous êtes engagés ; vous devez de toute façon obéir ; là-dessus il n'y a point doute. A défaut de l'honneur une contrainte irrésistible agirait. En bonne logique devez-vous penser que vous ne réussirez pas, que l'ennemi est trop bien retranché, que le haut commandement a donné l'ordre sans bien savoir ? Ce serait perdre votre chance et en quelque sorte vous dépouiller de votre armure. Mais, au contraire, à tous vos moyens offensifs joignez encore l'idée active, l'idée efficace, l'idée qui vous soulève, l'idée qui vous rend plus vif, plus fort, plus assuré de vos actions, c'est à savoir l'idée que l'ennemi ne peut tenir, qu'on le prend sur son faible, qu'il est sur le moment de perdre courage, et qu'enfin, jamais un ordre ne fut plus à propos, mieux inspiré par le génie offensif, que celui auquel vous devez obéir. Croire que le commandement sait tout, croire qu'il ne se trompe en rien, croire en lui comme on croit en Dieu, voilà une de vos armes, et peut-être la meilleure. Vous n'allez pas la jeter avant le combat. Bref, prenez comme idée vraie l'idée utile. Or l'idée utile c'est celle-ci : « Je passerai. » Plus profondément, Messieurs, il n'est point question de savoir encore si cette idée : « je passerai » est vraie ou fausse ; car elle est au futur ; elle n'est encore ni vraie ni fausse ; et on vous demande non pas de penser qu'elle est vraie, mais de faire qu'elle soit vraie. Que votre esprit soit donc l'éclaireur de votre action ; qu'il aille devant vous saisir par la pensée cette position ; qu'il coure, qu'il occupe, et qu'il vous attende. Tel est le véritable esprit d'obéissance, ou d'exécution, qui ne se distingue point de l'esprit offensif. »

Le général inspecteur fit voir un visage mécontent. Quand il tint le professeur loin des regards : « Mon cher, lui dit-il, vous insistez trop sur ceci que nous sommes de vieilles bêtes, à qui il faut pourtant obéir. Et cela va directement contre votre conclusion. Car, s'il est mieux de croire que le commandement ne se trompe pas, pourquoi supposez-vous vous-même qu'il se trompe ? » « Mais, dit l'autre, justement j'explique pourquoi il ne faut point dire qu'il se trompe, ni même se le dire. » « Pourquoi donc, dit le général inspecteur, pourquoi dire qu'il ne faut pas dire ? C'est réveiller le diable. Dites donc plutôt ce qu'il faut dire. Pratiquez vous-même votre morale, et prouvez, par l'histoire des guerres, que notre État-Major a toujours raison. Et ne dites pas que cela n'est pas facile à prouver ; car cette idée même est nuisible, étant directement contraire à l'esprit d'exécution. » C'est ainsi que le cours de morale fut remplacé par un cours de stratégie, et que le lieutenant-colonel Subtil fut renvoyé aux forges et arsenaux. Le R. P. Philéas, qui connut l'incident, dit seulement ceci : « Subtil, encore un janséniste. L'armée en est pourrie. »

J) PROLÉTAIRE ET BOURGEOIS.

Le prolétaire ne comprend pas aisément ce que c'est qu'un bourgeois. Marx a dit que les idées d'un homme dépendent toutes et sans exception de la manière dont il gagne sa vie. Mais ce fort préjugé, qui donne lieu à de riches développements, doit être manœuvré avec précautions ; car il est vrai en plusieurs sens. je comprends assez bien ce que c'est qu'une pensée qui considère surtout l'industrie et les machines. Qu'elle penche à un matérialisme simplificateur, cela ne peut étonner. De même que Proudhon disait: « La pensée d'un homme en place c'est son traitement », de même je dirais bien que la pensée d'un ouvrier c'est la chose, l'outil et la machine ; et par là je comprends assez cette prédilection pour un Fatalisme de forme mécanique, idée qui est comme le tissu de la réflexion prolétarienne. Mais cette dialectique ne termine pas l'esprit révolutionnaire. Il faut dire aussi que la pensée d'un prolétaire c'est son action. L'outil règne et gouverne ; la main le pousse non sans précaution, mais sans aucun égard. Dès que la chose est connue en ses propriétés invariables, aussitôt elle est attaquée et transformée. La plaque de tôle est percée et rivée ; la maison s'élève ; le pont tend son arche. Aucun préjugé de doctrine ne peut tenir contre cette preuve de tous les jours. L'ouvrier est certainement de tous les hommes celui qui a l'expérience la plus suivie et la connaissance la plus assurée de la puissance humaine. D'où il me semble que cette tête industrieuse est habitée par deux idées dominantes qui gouvernent tour à tour ; l'une qui règle les contemplations et d'après laquelle ce qui est devait être, par l'effet d'un immense et imperturbable mécanisme ; l'autre qui inspire les actions, et qui est que, lorsque les choses ne sont pas comme on voudrait, il faut les remettre en ordre sans plus attendre.

Le bourgeois est tout en précautions et respects son travail est de persuader et de plaire. Son premier souci est de ne pas déplaire. D'où vient que ses pensées sont formées d'abord de cette attention continuelle de l'ordre humain, ordre capricieux qui ne rend nullement en succès l'équivalent du savoir et du travail. C'est ici le royaume de la bonne chance et du miracle. Les choses sont vues à travers ce brouillard humain ; ce qui fait qu'il reste toujours, dans les idées d'un tel homme, une certaine couleur de religion. Au reste c'est toujours par là que nous commençons, puisque l'enfant attend d'abord tout des hommes ; mais la pensée bourgeoise mûrit plus lentement que toute autre ; c'est comme une enfance continuée. La poésie en témoigne, qui, dans ses meilleures inventions, a souvent quelque chose de puéril.

Il y a pis ; et les bourgeois, dès qu'ils pensent en cercle, arrivent promptement au lieu commun, sans pensée aucune, par cette crainte de déplaire qui est au fond de la politesse. En pensant à ces assemblées de timides, qui parlent comme on chante, attentifs à l'air et aux paroles, Stendhal a pu écrire ce terrible mot : « Tout bon raisonnement offense. » L'invention se meut alors dans le Bel Esprit, que l'on ose appeler l'Esprit tout court, et qui est l'art de donner aux idées reçues l'apparence de la jeunesse. Encore est-ce un jeu dangereux. La prudence ramène chacun aux formules consacrées. Il faut parler alors comme on danserait. Et c'est par là qu'il faut comprendre l'immobilité conservatrice ; les intérêts n'y jouent pas autant que la politesse. Et c'est ce qu'il faudrait d'abord comprendre. Qui ne comprend point s'irrite. Qui s'irrite frappe à côté du clou.

LE CITOYEN CONTRE LES POUVOIRS

A) L'INÉGALITÉ VIENT DES GUERRES.

Tous les ambitieux aiment la guerre. Là-dessus ils ne font point de faute, et se reconnaissent très bien entre eux, comme par un mot de passe. Le moindre candidat à l'Académie sait très bien ce qu'il faut dire sur ce sujet, et ce qu'il ne faut jamais dire. C'est qu'aussi il n'y a qu'un pouvoir, qui est le militaire. Les autres pouvoirs font rire, et laissent rire. Un riche ne peut rien, Qu'il essaie seulement de donner un ordre à son cuisinier ; j'entends un de ces ordres qui offensent, par l'imprévu, par le mépris des usages, par le ton ; le cuisinier répondra en roi, sans aucun risque. L'inégalité ici n'est que d'apparence ; elle est prévue par le contrat ; mais le contrat lui-même, qui enferme l'obéissance, est aussitôt rompu par le refus d'obéissance. Le maître peut chasser son cuisinier, et le cuisinier peut chasser son maître. Cette condition étonne toujours le maître, dès qu'il y pense.

On entend, à ce sujet, des déclamations faciles, mais abstraites. Il est vrai en gros que ceux qui n'ont point d'argent doivent obéir à ceux qui en ont. Voilà donc un troupeau d'esclaves, et Plutus les mène au fouet ; mais il n'y a point de fouet. Allons au détail, nous voyons que chacun des esclaves change aisément de maître, selon que l'humeur le conseille ; cette seule idée adoucit l'humeur, et donne patience aussi bien à l'un qu'à l'autre. Sans compter que les travailleurs, pris en masse, ont des moyens irrésistibles de prélever sur les profits, dès que l'heureuse paix dure quelque temps ; tout conspire alors contre le maître ; c'est pourquoi cet état de paix se définit par ce que le maître n'aime point, à savoir une police moins hardie et moins tracassière, des pouvoirs mieux contrôlés, une armée moins nombreuse, la liberté enfin de s'assembler, de parler, d'écrire. Maintenant, comment l'état de guerre, ou seulement la menace de guerre, affermit les pouvoirs, enfle les profits, ajourne les revendications, enhardit la police, c'est ce que nous avons pu voir. L'esprit le plus obtus, s'il ne comprend les causes, éprouve du moins les effets. D'où ce puissant instinct qui pousse les Grands Bourgeois à accepter la guerre, à ne jamais chicaner sur les occasions ni sur les moyens de guerre, enfin à y jeter leurs fils. Les femmes oisives, brillantes et parées, ne s'y trompent point ; chacun a observé de ces visages inflexibles. C'est qu'il faut renoncer au pouvoir, ou le payer ce qu'il coûte ; elles n'hésitent point.

L'avare serait pacifique, car il risque beaucoup aux guerres ; et l'avare n'est pas le même homme que l'ambitieux ; c'est pourquoi je ne dirais pas que le Capitalisme est la cause des guerres ; cela est abstrait. J'aimerais mieux dire que les guerres aggravent, entretiennent, renouvellent l'inégalité de toutes les manières. Aussi n'importe quel privilégié sent bien qu'il faudra quelque massacre de nation à nation pour restaurer un état des choses en soi impossible, et qui, dans le moindre retour de paix, s'en va toujours croulant. Chacun a pu observer ce paradoxe que l'idée même de la paix perpétuelle irrite. Mais qui irrite-t-elle ? Observez ceux et celles qui déclament contre l'égalité, contre la coalition ouvrière, contre les prétentions des employés et des domestiques. Observez aussi ceux et celles qui déclament contre l'Allemand, bientôt contre l'Anglais, toujours pour la guerre et toujours contre la paix. Ce sont les mêmes ; et le ton est le même.

B) L'EXÉCUTIF EST PRUDENT
PAR FORCE.

Notre politique intérieure offre un spectacle inattendu. Cette Chambre résume en ses puériles idées, comme en ses passions déréglées, un régime de despotisme, de basse police, de délation, de proscription, de prodigalité, couvrant comme d'un manteau une misère héroïque. Comme un roi qui a coutume de se mentir à lui-même. Mieux encore qu'un roi ; ce roi a beaucoup de têtes : les flatteries et les opinions agréables sont réellement échangées ; chacun y est roi et courtisan. Convulsion, caprice, aveuglement. Mais les mœurs et l'esprit public ne se reconnaissent nullement en cette peinture décorative, brossée pour de courtes réjouissances et qui étale vainement ses couleurs brutales. Cette Chambre règne et ne gouverne pas. Ses ministres, refroidis par leur métier difficile, lui font le compte du possible et de l'impossible et lui font entendre la voix aigre de la nécessité et les conseils de la sagesse. « J'entends bien, dit l'Exécutif, ce que vous auriez voulu ; mais la force des choses m'a mis dans le cas de n'en point tenir compte. Voici ce que j'ai pu faire et ce que j'ai fait. » Suivent les fortes, les invincibles raisons, qui s'adressent en réalité au peuple même, plus sensé que son roi. Cela fait voir que les constitutions plient devant l'opinion et les mœurs. Les historiens ont là-dessus quelques lumières. La constitution de la République Romaine, une des plus puissantes que l'on ait connues, suffisait à tout par la force des mœurs et l'empire de la nécessité, quoique ses rouages dussent, selon les prévisions théoriques, buter les uns contre les autres au premier mouvement. Notre République, en une situation difficile, montre aussi une souplesse étonnante. En vérité, c'est l'Exécutif qui interpelle au nom du peuple, et les choses n'en vont pas plus mal.

Ce qu'il y a de vrai dans les thèses royalistes devait finir par se montrer. Ils disent bien qu'un roi représente mieux l'intérêt de tous et l'esprit public que ne peuvent faire les puissances d'un moment, toujours groupées autour de la richesse ancienne ou récente. Ils pourraient dire aussi que l'exercice réel du pouvoir fait aussitôt connaître d'un côté les résistances de l'ordre économique, de l'autre, les résistances politiques ; par quoi l'opinion et le bon sens devraient s'asseoir ensemble sur le trône. Seulement, dans le fait, il arrive toujours que celui qui règne par droit de naissance est tenu de près par les puissances, et séparé de l'Opinion par des rangs épais de flatteurs ; sans compter qu'un pouvoir sacré porte naturellement l'aveuglement et l'infatuation au delà de toute prudence ; aussi la menace des révolutions est toujours comprise trop tard. Il fallait des rois sans majesté, toujours menacés et surveillés, toujours prêts à rendre des comptes, sans aucun privilège ni aucun secret, et déposés promptement, à l'occasion, sans scandale, ni tumulte. A quoi les Chambres devaient servir, qui étaient comme des comités de vigilance, traduisant la puissance de l'opinion. Mais on a vu déjà au temps de Combes, et l'on voit encore maintenant, que les relations politiques s'établissent par d'autres moyens ; et il arrive que les députés, par mille causes, éprouvent moins directement les changements de l'opinion que ne fait un roi éphémère qui naturellement s'efforce de durer. Les uns composent discours avec discours, ce qui est certes quelque chose; mais le pilote jette la sonde, et corrige les discours.

C) L'ADMINISTRATION AIME LES PARTIS ORGANISÉS.

Quand les partis s'équilibrent, l'administration gouverne. Mais il y a entre les partis et l'administration une affinité profonde. Autant que les députés dépendent de leur parti, l'administration gouverne. Or nous vivons présentement sous la férule administrative, et ceux qui essaient d'interpeller se trouvent dans la situation du réclamant devant le guichet. « L'affaire suit son cours, et revenez dans trois mois. » L'idée de fatiguer ceux qui réclament et de résister au public, dans son intérêt même et pour son bien, se fait voir en clair ces temps-ci. Il se peut que le public préfère le scrutin uni-nominal, et c'est ce que je crois pour ma part ; mais le Grand Chef de Bureau ne veut rien entendre. Pourquoi ? Parce qu'il n'est pas de cet avis. Parce que l'administration consultée n'est pas de cet avis. Et il est vrai que l'administration n'est pas de cet avis. Qu'est-ce que le député d'arrondissement, sinon un citoyen qui fait du bruit devant le guichet ? Mais qu'est-ce au contraire qu'un chef de liste ? C'est un homme qui voudrait bien être aussi derrière un guichet, et qui comprend les choses. Préfet contre préfet, système contre système ; les principes sont saufs.

On conte que Louvois inventait des expéditions et des guerres. Mais sans doute n'en pensait-il point si long. L'administration ne forme point tant d'idées, ce n'est pas son affaire ; seulement elle s'étend, elle occupe le terrain qu'on lui laisse ; elle produit les fruits qui lui sont propres, comme un arbre, sans demander si on en a besoin. L'administration de la guerre ne veut point la guerre ; mais elle se veut elle-même. Il y a une apparence de raison lorsqu'on demande à un conseil de généraux s'il faut trois ans de service ou deux. Mais ce n'est qu'apparence. Un maréchal de camp disait à son fils, qui pressait les travaux d'un siège : « Mon fils, vous êtes bien pressé d'aller planter vos choux. » Supposez que j'aie un beau projet pour finir les guerres. Selon la sagesse administrative, je devrai le soumettre à un Grand Conseil de Guerre.

L'intérêt d'une carrière ou d'un métier agira seul ici, et suffira bien. Mais les hommes sont ainsi faits qu'ils ne pensent pas seulement à leur intérêt, mais aussi à leur propre majesté. D'où une opposition de principe à tout ce que le public incompétent s'avise de demander, ou seulement de souhaiter. D'où résistance violente à tout ce qui enferme le droit d'exiger, c'est-à-dire à tout ce qui est scrutin sincère. Louis XIV cédait assez souvent aux raisons, si l'on prenait la précaution de lui dire et répéter qu'il était le maître. D'où je comprends cet étonnant mouvement d'humeur, au fond Bureaucratique, contre le scrutin d'arrondissement ; et ce serait une raison de le préférer, car c'est la preuve qu'il vise juste. Mais mon parti est pris là-dessus, pour des raisons qui n'ont point changé, et depuis bien des années. Qu'est-ce que les tracasseries, les minces faveurs et les petits abus devant l'immense intérêt de vivre en Paix ? Et ce grand problème, on ne le voit que trop, ne peut être résolu que par une énergique action, et continuelle, de la masse sur les pouvoirs, par le moyen, encore imparfait, mais qu'on a vu efficace, du député personnellement responsable.

D) QUAND ON LAISSE FAIRE LE GOUVERNEMENT.

Ne croyez jamais ce que dit un homme d'État. C'est un homme qui parle de son métier, et qui quelquefois en parle bien ; mais il n'est pas dans l'ordre que l'on mette tous les métiers à la gêne pour que le plombier par exemple fasse aisément et agréablement le sien. « Les hommes qui ne sont pas plombiers, dit le plombier, ne se rendent pas compte de ce que c'est ; ils sont bien loin de nous donner commodité et large place. Ce sont des ingrats. Car comment vivraient-ils s'il n'y avait pas de plombiers ? » Celui qui va sur roues considère le piéton comme un être encombrant et insouciant. Mais le piéton ne se laisse pas convaincre, et finalement tout se fait.

L'homme pressé qui ne se soucie pas d'user son frein ni son caoutchouc comprend mal ce qu'un troupeau d'oies vient faire sur la route ; mais les oies vont à leur pâture ou à leur mare. C'est tout à fait de même que le gouvernement suit sa route, et s'étonne que les oies ne se rangent point, toute affaire cessante, pour admirer le char de l'État comme il roule bien. « Il faut des oies, j'en conviens, dit l'homme d'État ; mais là où je veux qu'elles soient, et non pas là où elles veulent être. » Ce discours n'a jamais persuadé les oies, parce que les oies sont bêtes ; il a quelquefois persuadé les hommes, parce que les hommes sont des êtres contemplatifs, assez pour savoir se mettre un petit moment à la place d'autrui.

La guerre est un état admirable, J'en conviens, où les gouvernants subordonnant toutes les affaires des autres hommes à leurs propres projets. Il faut avoir vu comment les chefs militaires s'installent et s'étalent, rejetant les habitants sur une étroite bordure, et encore s'étonnant s'ils osent se plaindre. « Comment ? Mais ne sommes-nous pas ici pour leur bien et pour leur sûreté ? » Raisonnement irréfutable, qui est aussi celui des paveurs qui tiennent ma rue éventrée depuis plus d'un mois, et qui m'offrent une planche branlante pour passer au-dessus d'un précipice rocheux.

Les citoyens admettent aisément qu'il faut des chefs et des administrations, comme il faut des paveurs et des plombiers. Ils admettent moins aisément que l'homme de la rue soit toujours gêné et limité, et les pouvoirs libres. « Car, disent-ils, j'entends bien que la sécurité et la puissance publiques sont quelque chose ; mais il y a d'autres biens, comme vivre, produire, échanger ; ces biens ne seraient rien sans la sécurité et peut-être même sans la puissance ; mais en revanche, la sécurité et la puissance sont des mots, hors de la commune et humble prospérité. Donc faites votre métier de gouvernant, et je veux bien me gêner pour vous le rendre facile ; mais que les gouvernants s'incommodent aussi pour moi. Car je sais bien ce que deviendront nos rues si le paveur est seul juge. Et je connais aussi par expérience quels sont les travaux du gouvernement dès qu'on le laisse faire. Ce sont des armées, ce sont de ruineuses querelles et de prodigieux éventrements. Disant toujours qu'on ne peut faire autrement. Et de bonne foi. Le paveur barrera toute la rue, et entassera encore ses pavés dans votre cour, si on veut l'en croire. »

E) L'OPINION VAINCRA LES PARTIS.

« J'irai à la conférence remplir mes devoirs de bon Européen. » C'est M. Ribot qui parle, et devant notre Sénat. Cette manière de dire est digne de remarque . L'homme est profondément cultivé et éloigné de tout fanatisme, autant qu'on peut savoir mais il a toujours fait voir de la prudence et même de da crainte à l'égard du sentiment publie ; ce pilote connaît la risée, le courant et les mauvais passages. Il faut donc conclure, comme je l'avais déjà supposé, que l'opinion chez nous s'est délivrée en silence, comme un prisonnier qui défait un nœud après l'autre, sans faire de mouvements inutiles, et qui, tous les liens rompus, se montre encore lié par précaution.

Occasion d'observer ou de deviner comment l'opinion agit sur les pouvoirs. Car cette Chambre promettait d'abord une sorte de dictature ; l'esprit de guerre réglait encore la paix. Dans le fait tout ce qui montrait quelques restes de fanatisme fut écarté des affaires. Les hommes d'Académie n'ont pas encore compris ce prompt revirement ; cette guerre, croyaient-ils, avait fait miracle ; le vieil esprit radical était mort ; les plus illustres radicaux menaient les funérailles. Mais non. La guerre tue, mutile, ruine ; c'est tout ce qu'elle peut faire. Elle ne change point l'esprit ; elle ne le touche point ; elle y est tellement étrangère ; elle est tellement extérieure et sans pensée aucune ; beaucoup ont craint des opinions extrêmes, ou bien les ont espérées ; mais je ne crois point à un changement réel de ce côté-là, ni de l'autre. Si vous en doutez, lisez le débat concernant l'expédition de Syrie ; vous y entendrez les mêmes fanatiques ; ils invectivent comme au temps de l'affaire Dreyfus, et presque dans les mêmes termes ; ils sont peu nombreux, et ne trouvent point d'écho.

J'ai toujours craint le scrutin de liste et la Représentation Proportionnelle ; j'y apercevais une mystification politique. Les pouvoirs une fois assurés par un compte exact des suffrages, l'élite devait poursuivre sur les élus son travail de séduction et d'encerclement. Tout se traduisant par des opinions et des formules collectives, la vraie opinion, l'opinion commune et solitaire, risquait d'être enfin méprisée ; les groupes politiques prenaient le pouvoir et expliquaient au peuple ce que le peuple devait penser ; opération en vérité magique et qui réussit souvent ; car l'opinion individuelle est naturellement timide, lente à s'exprimer, prompte à se taire devant un accord d'apparence, presque unanime. Mais je crois pouvoir dire que l'opinion, en notre pays, vaincra ce système politique, le plus rusé qui soit, par une obstination étonnante. Ainsi dans le temps même où il est évident que partout les hommes d'affaires se haussent à la politique, nous en sommes encore et toujours à vouloir séparer la Politique et la Finance, et à honorer quelque chef pauvre qui ne fait partie d'aucun conseil d'administration. Ce chef, la situation nous le refuse encore ; et les grands Politiques se moquent ; niais il faudra pourtant bien que le veston râpé du Radical soit finalement le maître; maître détesté et méprisé, si l'on en croit l'élite académique et l'élite ploutocratique, mais enfin le maître, ou pour mieux dire l'invincible Arbitre, avec son bâton blanc dans sa giberne, mal payé et imperturbable.

F) COMMENT TOUTES OPINIONS SONT BONNES

Je n'ai jamais conseillé à personne de changer d'opinion. Non plus de changer ses yeux pour d'autres ; mais apprenez à vous en servir. De même pour vos opinions, rendez-les bonnes. Non pas cherchant des opinions étrangères, jusqu'à ce que vous trouviez celle qui est vraie, car il n'y en a point qui soit vraie. Nul n'a eu, nul n'aura jamais une idée vraie ; mais il y a une manière vraie d'avoir n'importe quelle idée ; et c'est de voir les choses au travers. Nos idées sont nos lunettes. Il est bon d'avoir quelque lunette pour considérer l'apparence de la planète Mars ; mais garder la sagesse dans vos jugements sur la planète Mars, cela ne dépend point de votre lunette. Donc lorsque vous dites : « je suis socialiste, communiste, ou catholique, ou monarchiste », ne ressemblez pas à l'apprenti de botanique qui se dirait : « J'ai acheté un microscope ; me voilà bien savant. »

Si ce que j'écris vous étonne, retournons-le. Examinons par le contraire, comme Aristote aimait à faire. Certainement il y a une sotte manière d'être socialiste ou monarchiste ou n'importe quoi ; il suffit que l'on croie plutôt ce que disent les autres que ce que l'on aperçoit par ses propres moyens, il suffit que la colère pousse les jugements, ou que la peur les retienne. Et le pire de tout, c'est de se priver d'examiner par peur de changer. Jurez d'abord ; il n'y a point d'esprit ferme sans serment. Jurez d'abord, et puis examinez. Comme un compte, que vous pouvez faire, dans le système décimal, ou dans un système dont la base est douze ; mais vous jurez, cela va sans dire, de ne pas changer de système pendant votre compte. L'exemple est simple ; mais il faut d'abord réfléchir sur des-exemples simples. Le système décimal est-il vrai ou faux ? Voilà une question ridicule ; car ce n'est qu'un moyen de saisir les quantités dénombrables. Et l'on rirait du physicien qui rapporterait quelque expérience d'après laquelle le système décimal devrait être dit faux, Puisque vous surmontez sans peine cette sottise-là, pensez qu'il y en a sans doute d'autres du même modèle, mais plus enveloppées. Quelque Sorbonnagre me tire ici par la manche, disant: « Il y a des faits de physique d'après lesquels la géométrie d'Euclide est fausse. » je me méfie, ayant assez éprouvé déjà qu'il n'est pas une de nos conceptions qui soit à la merci d'une expérience ; non pas même le spiritisme ; mais plutôt nos conceptions sont comme des microscopes, qui montrent mieux l'expérience ; seulement il faut savoir s'en servir, ce qui n'arrivera jamais si l'on en change toutes les semaines. Que l'on soit communiste, monarchiste, catholique, ou ce que vous voudrez, on reconnaîtra, l'héroïsme vrai en ce jeune homme que l'impatience d'avoir peur pousse à lever la main pour une mission dangereuse. Et chacun, dès qu'il sait se servir de ses-, lunettes accoutumées, conviendra que l'énergie d'un Maréchal, qui décide qu'une troupe tiendra à tout prix, n'est pas du tout du même genre, et ne mérite, pas le même hommage.

G) NE PAS CHANGER LES POUVOIRS, LES ASSAGIR.

Quand on dit que les gouvernants ont de puissance, selon la justice, que par le consentement des gouvernés, je crois qu'on manque l'idée. C'est remonter au déluge. De toute façon : car, d'un côté, c'est partir à la recherche d'une race pure et non croisée ; si un Irlandais a seul droit de gouverner les Irlandais, le plus pur Irlandais aura aussi le droit le plus clair ; et, d'un autre côté, c'est vouloir construire les nations d'après le modèle patriarcal. Le fils obéit au père, il n'obéirait pas à un étranger. « Et s'il me plaît, à moi, d'être battue » ; c'est la formule la plus parfaite de l'esprit national en tous pays. Fouetté, le citoyen veut bien l'être. Mais il regarde aux baguettes ; il veut savoir dans quel bois on les a coupées.

Cette idée mystique produit bientôt ses preuves. Car un pouvoir contesté devient aussitôt tyrannique ; on ne peut plus prononcer sur ce qu'il serait, bon, médiocre ou mauvais, s'il s'exerçait simplement ; il s'établit, il se défend, il soupçonne. Dans ces luttes, le droit périt ; les révoltés ont toujours raison ; ils sont toujours tyranniquement gouvernés. A bien meilleur compte, et par la centième partie seulement de l'énergie qu'ils emploient à chasser un mauvais maître, ils le rendraient bon. Comte, homme d'avant-garde, aperçoit que les discussions sur l'origine et la légitimité des pouvoirs sont métaphysiques, et que la fonction positive du citoyen est plutôt de surveiller et limiter l'action des pouvoirs, quels qu'ils soient.

Le faible des démocraties est qu'elles déposent trop aisément leurs rois éphémères. Cette puissance purement négative ne résout rien, d'autant que comme il n'y a pas tant d'hommes qui sachent le métier de roi, tant bien que mal, nous voyons toujours revenir les mêmes rois ; et les chutes font noblesse et force, comme aux récidivistes ces innombrables condamnations, qui désarment le juge. Le citoyen n'a pas encore bien saisi cette idée que tout pouvoir est mauvais, s'il n'est surveillé, mais que tout pouvoir est bon, autant qu'il sent une résistance pacifique, clairvoyante et obstinée. La liberté n'est pas d'institution ; il faut la refaire tous les jours.

Nos prolétaires ne sont pas encore délivrés de cette idée, qui est métaphysique aussi, c'est que les patrons ayant pour règle de payer les ouvriers le moins possible, il faut supprimer les patrons. Mais pourquoi se priver de coopérateurs qui ont appris un métier difficile ; Le prolétariat organisé aurait une puissance invincible ; on verrait et l'on a vu déjà comment l'opinion commune acclamerait le cortège des travailleurs, si seulement ils jetaient toutes leurs armes. Mais la guerre est plus facile à conduire que la paix. Il est plus facile de mener les citoyens aux barricades que d'obtenir qu'ils observent et jugent à chaque instant. Bref il est plus vite fait de détruire que de construire. »

Les pouvoirs sont arrogants en guerre, inquiets et flexibles en paix, comme on a vu et comme on voit. Cette loi trouve son application dans les luttes intérieures aussi. La presse, tant calomniée par les journalistes, est toujours plus juste qu'on n'attendrait, par le jeu des rivalités et par le besoin d'étonner, qui font que tout ce qui importe est bientôt connu. Que pourrait-on attendre, et que ne pourrait-on pas espérer si les journaux, au lieu de se servir des ambitions, exerçaient seulement la fonction du spectateur et du juge. Et, au lieu de dire que c'est impossible, il faut le faire, comme nous faisons en ces feuilles, menant cette bonne révolution qui vise moins à détrôner les rois qu'à les rendre sages.

H) LE CITOYEN CONTRE L'HOMME D'ÉTAT.

Ce que redoutent les tyrans, c'est le suffrage secret. Mais que peuvent-ils contre le suffrage secret ? Distribuer des bulletins et suivre l'électeur des yeux ? Cela s'est fait longtemps, mais c'est ce que l'opinion ne supporte plus. Les tyrans eux-mêmes n'avoueront point ce que pourtant ils pensent tous, c'est qu'ils ne reconnaissent pour opinion que l'opinion avouée, autant dire l'opinion forcée. L'art de tyranniser est d'obtenir une approbation publique, en faisant jouer la pudeur et la politesse. Puisqu'il est convenu, et très raisonnablement, chez nous, que le chef de l'État n'est point exposé aux sifflets ni aux interruptions, il doit parler prudemment et par lieux communs, ou bien il n'est pas juste.

Un terrassier porte son opinion comme il porte son large pantalon de velours, sa ceinture de flanelle et sa pelle. C'est que cet homme fort ne s'inquiète pas de savoir s'il plaît ou déplaît. Mais tout ce qui est bourgeois vit de plaire, ou tout au moins de ne pas déplaire. Le costume bourgeois lui-même détourne de chercher bagarre. La conversation bourgeoise est de repos, quand elle n'est pas de précaution. Ceux qui tyrannisent sur les opinions ont donc d'immenses avantages. Dès qu'ils font voir un visage orageux ou offensé, on n'insiste point.

Il peut arriver qu'un médecin juge les pouvoirs avec clairvoyance, devine le jeu des tyrans, et vote enfin pour quelque jugeur qui lui ressemble. Mais, en présence d'autres bourgeois qu'il connaît mal, ou qu'il connaît trop, pressé encore par le temps, et pensant à son métier, ou bien cherchant un court moment de détente et d'agréable concorde, il n'engagera pas de controverse. D'où une modération d'apparence, et qui est en vérité de costume. Un employé, un fonctionnaire, un marchand n'ont pas moins de raisons de se montrer agréables. Sans compter que l'art de discuter est difficile et que l'on peut craindre ses propres passions. On voit ici bien clairement que ceux qui admettent la contradiction, et même la cherchent, ont bien moins de puissance sur l'opinion avouée que ceux qui reçoivent la contradiction comme une offense. Un homme simplement poli ne fait rien pour l'un et fait beaucoup pour l'autre. Ainsi tout irait au gré des violents si l'on gouvernait d'après la rumeur des conversations. Et cela ne se fait que trop, après que les urnes ont décidé. C'est alors que les cercles élaborent des programmes étonnants, sous l'œil atrabilaire. Admirable, alors, s'il reste encore un peu de citoyen dans le député. Si les électeurs ne regardent point là, avant, pendant et après, toutes les entreprises contre la liberté réussiront, par cette tempête peu à peu soulevée de l'opinion publique contre l'opinion privée. Or je ne vois point cette idée ressortir je n'entends et je ne lis que des hommes d'État, petits et grands, Le citoyen pense-t-il assez à se défier des hommes d'État, petits et grands ?

I) LE COMBISME, OU
L'ÉLECTEUR DEVANT L'ÉTAT.

Je me vante d'être le seul maintenant à représenter le Combisme intégral. De ceux qui ont gagné cette belle partie vers la fin du dernier siècle, les uns sont aujourd'hui communistes, d'autres sont nationalistes. Et le chef lui-même, qui vient de mourir, avait depuis longtemps quitté son propre parti. Pour moi j'y reste attaché, assuré que tous les hommes libres y reviendront. Mais pour les jeunes, qui ne savent pas de quoi je parle, quelques explications sont nécessaires.

Le Combisme n'est autre chose que l'action permanente de l'électeur sur l'élu. Et voici comment l'on procède. Tous les citoyens, de quelque parti qu'ils soient, et qui ont fait serment à eux-mêmes de contrarier le jeu des Grands Politiques, envoient à la Chambre un homme plus ou moins modéré, plus ou moins tenu par ses relations et par ses intérêts ; les nuances n'importent pas ici autant qu'on pourrait croire ; en règle générale on peut poser que n'importe quel député, dès qu'il est laissé à lui-même, fait le jeu des Grands Politiques. Mais il ne faut que de vigilants comités, et quelques hommes sûrs qui veuillent donner un peu de leur temps. Ces hommes viennent en mission près du député, et lui parlent énergiquement toutes les fois que cela est nécessaire, soit pour signaler les puissances locales, toujours portées à favoriser les protégés des grands Politiques, soit pour préparer la chute des Grands Politiques eux-mêmes, dès qu'ils deviennent arrogants et secrets. Par ces continuelles manœuvres, les hommes dévoués dont je parle s'exposent à de furieuses attaques, qui peuvent aller jusqu'aux coups de poing. Mais on en trouve qui acceptent ces risques ; et on en trouve d'autres, dans chaque ville, qui, sans l'espoir d'aucune récompense et pour la beauté du jeu, leur font une garde du corps.

Les choses se passent plus simplement qu'on ne croit. Le préfet, dès qu'il est surveillé, administre au lieu d'intriguer avec les Salons, avec les Chefs militaires et avec les Messieurs prêtres. Le député, dès qu'il se sent surveillé, parle au nom de cette opinion réelle et agissante, dont il éprouve continuellement la pression. Le ministre, dès qu'il considère les masses électorales remuantes et décidées, se moque des Académiciens et des Actrices, et gouverne en plébéien ; ce qui est aussi amusant que de gouverner en parvenu. Combes fut l'homme qui joua ce jeu spontanément et pour son compte, et qui sut rappeler aux députés ce que les, délégués des Comités Politiques leur avaient déjà dit. Quand la politique républicaine, car c'est son nom, est ainsi orientée et vivante, on trouve toujours un Combes. Si vous demandez ce que fera le Combes de l'avenir, je réponds qu'il ne fera rien qu'administrer et empêcher le mal qui s'appelle négociation ambitieuse, traité secret, alliance avec les droites, politique de force, Guerre. Rien n'est plus simple, mais il faut s'y mettre. Un prêtre pourrait être Combiste. Car il n'est point vrai que cette politique, radicalement républicaine, ait pour fin de contrarier ou de favoriser telle ou telle opinion de l'ordre moral ou religieux. Et le vrai prêtre se sent même plus libre et plus digne, lorsqu'il n'est plus l'allié ni le serf des puissances politiques. Mais les prêtres qui se mêlent de politique ne peuvent pas être Combistes. Un académicien ne peut pas être Combiste. Un général ne peut pas être Combiste. Un millionnaire ne peut pas être Combiste, Une actrice ne peut pas être Combiste. Un député cesse d'être Combiste dès qu'il peut. Je fais exception pour quelques caractères de fer, que les injures n'ébranlent point, mais au contraire affermissent. Pelletan fut le modèle de ces hommes incorruptibles. Mais l'animateur du régime, ce fut Jaurès.

Tous les tyrans, sans exception, redoutent le Combisme. Tous ceux qui dépendent du jugement de la société oisive et brillante sont secrètement fatigués du Combisme, même quand ils le servent fidèlement. Il arrive même que les délégués et les comités fléchissent sous l'injure et la menace. Mais l'électeur connaît des plaisirs vifs et sans mélange. Il sent et exerce son pouvoir, évitant par état les pièges de l'ambition et de la vanité. Quel bon petit roi c'était là.

J) LA MÉFIANCE PAYSANNE.

L'homme des champs m'a enfin dit toute sa pensée. « Je vote sans aucun plaisir ; je n'aime pas cela. C'est comme si un prodigue mangé d'hypothèques me demandait conseil, sous la condition que je réponde de ses dettes pour une part. Les affaires publiques sont mal conduites. On me consulte ; mais il est clair que mon avis ne pèsera rien ; on me consulte afin de m'engager. Dans nos campagnes on aime payer, ou n'aime point devoir. Vous voulez me mettre sur les bras cette énorme dette publique. Bien forcé je suis, dites-vous. Écoutez ma pensée : j'aime mieux être forcé que consentant.

« Forcé. L'État est donc comme le sultan des histoires. je lui fais mille respects, et encore de loin ; après cela c'est mon affaire de sauver mes plumes,. comme c'est la sienne de me plumer. Je me fais petit ; je cache mon bien dans la terre. Non pas des louis d'or dans un pot ; je ne suis pas si bête. Mais tout ce que je gagne va à l'engrais, aux plantations, aux défrichages. Ce sont des choses qu'on ne peut prendre. D'argent, je suis pauvre. Je veux bien produire, mais je ne puis payer. Le sultan ne va pas arracher mes arbres ; qu'en ferait-il ? Non plus me prendre ma sentence. Non plus m'enfermer, moi qui travaille pour lui et pour tous. Bref je paie le moins possible, et c'est autant de sauvé, pour moi, pour lui, pour tous,

« Mais si l'État c'est moi, alors il faut que je paie ma part de toutes ces dettes-là. C'est notre coutume par ici de payer ce qu'on doit, quand on devrait se faire garçon de ferme. Mais quoi ? je ne vois pas de limites. Tous ces beaux messieurs disent que nous sommes pauvres, et dépensent comme des riches. On dit que le chemin de fer perd sur le travail qu'il fait. Mais regardez le travail des ingénieurs ; on le voit d'ici. Ils changent les rails et les traverses ; ils vont faire rouler des trains électriques, afin que tous les paresseux et les ennuyés voyagent encore plus vite. Tout va de même, si j'en crois les journaux. Ici même je vois passer leurs avions à voyageurs, qui transportent aussi des colifichets. Oui, on envoie une robe de bal de Paris à Londres par la voie des airs. Et quoique chacun paie pour son colis ou pour sa place, chaque voyage nous coûte encore plusieurs billets de mille francs, Ne parlons pas de leur guerre ; on se perd dans ces dépenses-là. Mais souvent une petite chose fait juger des grandes. Mon fils, qui était artilleur, a vu tirer quatre mille obus par jour dans un secteur de deux kilomètres, pour faire diversion. Chaque obus coûtait quatre-vingts francs. Ces mêmes hommes occupent le Palatinat et la Ruhr ; toujours par de bonnes raisons, disant qu'on ne peut faire autrement. Après cela on m'invite à une assemblée d'actionnaires. Mais je n'ai rien du tout à dire sur ce genre de commerce. J'aimerais mieux ne point m'en mêler.

« Voyez ma ferme. je regarde à tout. Ce que je

peux raccommoder, je ne le remplace point. Il ne manque pas ici de vieilles choses qui font encore un bon service. Si j'ai un moteur pour élever l'eau, c'est parce que je suis sûr, largement sûr, de regagner le prix d'achat en trois ans. Ici l'avarice ne s'endort jamais ; faute de quoi le travail lui-même ferait mourir le travailleur. La voilà, mon opinion. Maintenant si je donne conseil à mon voisin, mon conseil est perdu ; c'est à lui de veiller et j'ai assez à faire chez moi. Et l'État me demande conseil. Mais, mon cher, il n'y a pas une page de leurs comptes, pas une page de leurs projets où je trouve seulement une ligne raisonnable. Je ne vois qu'un remède à cette politique de fils de famille, qui est de serrer les cordons de la bourse. C'est ainsi que mon père m'a élevé ; et de nécessité j'ai fait sagesse. De même je dois agir paternellement à l'égard de tous ces prodigues, et faire le sourd. Voilà pourquoi ce papier électoral ne me plaît guère. Il m'engage ; il prend hypothèque sur moi. On devrait pouvoir voter non et non et encore non. »

K) LA VRAIE FORCE DE L'OPINION.

Les partis sont sans pensée. Dès que des hommes sont réunis, je vois bien que l'agitation s'accroît par l'exemple ; je vois naître et grandir la redoutable Effervescence ; si quelque porte se trouve ouverte pour l'action, vous verrez des miracles ; ce grand corps prendra des forces en marchant. J'ai entendu conter une révolution de femmes qui eut lieu en *Auvergne pendant* la guerre. La cause en était que quelque officier de gendarmerie avait exigé d'un blessé clopinant le salut réglementaire ; d'où échange de mots vifs, et punition. Mais les femmes, d'abord étonnées et muettes, car le fait militaire est par lui-même incroyable, retrouvèrent perception par le discours, et décidèrent d'appliquer une énergique sanction, qui fut annoncée par, affiches : « Demain, déménagement chez l'officier de gendarmerie. » Le lendemain les meubles de l'officier passèrent par les fenêtres. Il se cachait, comme on pense bien. On décida de le faire partir ; mais les femmes le surent. Il y eut encore une affiche : « Demain, à la gare, adieux à

Monsieur l'officier de gendarmerie.» Quand il fut dans le train, au milieu d'acclamations que l'on devine, il prit fantaisie aux femmes de ne point le laisser partir ; elles se couchèrent sur les rails. Le préfet s'arrachait les cheveux. Le blessé dut se montrer partout, afin de prouver qu'il n'était pas en prison. Je raconte sommairement cette belle histoire, afin qu'il soit rappelé que les pouvoirs, même dans leurs beaux temps, ne peuvent rien contre l'opinion, ce qui est bon à savoir. Mais il est clair aussi que ces grands corps en action, qui sont capables de tout briser, manquent d'idées positives. En l'action commune les forces s'ajoutent, mais les idées se contrat-lent et s'annulent. Il reste des moyens de géant avec des idées d'enfant. Si nous voulons une vie publique digne de l'Humanité présente, il faut que l'individu reste individu partout, soit au premier rang, soit au dernier. Il n'y a que l'individu qui pense ; toute assemblée est sotte.

Il faudrait donc, d'un côté, un pouvoir concentré et fort, un homme qui ait du champ et qui puisse réaliser quelque chose, sans avoir égard à ces objections préalables qui empêchent tout. En même temps, et corrélativement, des spectateurs qui gardent leur poste de spectateurs, sans aucun projet, sans aucun désir d'occuper la scène, car le jugement veut du champ aussi. Et que chaque spectateur soit autant qu'il se peut solitaire, et ne se préoccupe point d'abord d'accorder sa pensée à celle du voisin. Condition que la presse réalise, car l'homme qui lit est seul. Et enfin il faut que le jugement du spectateur se traduise périodiquement par l'approbation ou par le blâme, mais toujours dans le silence et la solitude autant qu'il se pourra, ce que le vote secret réalise passablement. Certes cela n'ira point sans assemblées; mais la grande assemblée, toujours délirante un peu, nous ramènera naturellement à l'enfance ; c'est plutôt par les conversations, en de petits cercles, que l'opinion se forme et s'éclaire ; et je compterais plutôt sur l'écrit que sur la parole. En bref, il faut que la puissance des citoyens soit de jugement toujours, sans aucune prétention à gouverner. Il reste entendu que le refus de concours est le plus puissant moyen des gouvernés ; mais le refus d'approuver suffirait toujours, et déjà avant le vote explicite, si le citoyen pensait moins à choisir les chefs qu'à les juger. Pour tout dire en peu de mots, je me méfie beaucoup d'une Volonté Générale qui sortirait du peuple assemblé. Tyran métaphysique.

RÉPARER LES
RÉPARATIONS

A) LE DROIT SE RETIRE DE LA PAIX.

Cette Paix qui ne donne point de fruits est comme l'épreuve du célèbre chapitre de Jean-Jacques, sur le Droit du plus fort. En cet immense objet où l'attention de tous se trouve portée, on voit jusqu'au détail comment l'obligation née de la force cesse d'agir aussitôt que la force se relâche. On peut observer la même chose à la caserne, où les balais s'arrêtent dès que l'adjudant a tourné le dos. La contrainte délie de la bonne foi. Les écoliers connaissent aussi ce jeu ; car ce qu'ils peuvent faire ou ne pas faire, ils l'essaient toujours ; et comme disait un vieux praticien de discipline, le terrain qu'on leur laisse, ils l'occupent aussitôt. C'est dire que la force qui n'agit point est aussitôt comme nulle. Enfin c'est folie de vouloir obtenir par la contrainte que l'on nous paie volontairement. Celui qui cède à la force est en vérité comme une masse gazeuse sous le piston ; dès que la pression ne s'exerce plus, le piston est ramené à la position initiale. C'est pourquoi le traité est à refaire tous les matins ; on le refait, avec des précautions nouvelles et toujours inutiles ; inutiles si la force joue, car elle joue selon ses lois propres ; inutiles dès que la force ne joue plus.

Que sera pour l'Allemagne la puissance de payer dans dix ans, dans vingt ans ? Problème difficile, mais où l'on s'enfonce afin d'oublier l'autre problème : quelle sera notre puissance de nous faire payer dans dix ans, dans vingt ans ? Il est pourtant clair qu'à mesure que la première puissance augmente, la seconde diminue. Et quand la force obtiendrait maintenant des promesses, c'est toujours la force qui en réglera l'exécution. Il n'y a nul respect dû à la force ; et toute promesse imposée est nulle. Telles sont les lois de la force, et que le plus fort doit subir aussi bien que l'autre.

Ainsi le Droit se retire de ces mélanges. Et cette expérience nous enseigne à la fois la Guerre et la Paix. Frapper est une chose qui a ses règles. Convenir est une autre chose, qui a ses règles. Lorsque je prends quelque objet, je puis le conserver ; c'est un problème de force ; j'en serai par là le possesseur, mais je n'en serai pas le propriétaire. je n'en puis -avoir la propriété, qui est de droit, que par une convention librement acceptée. Je paye le prix convenu, et l'autre me donne l'objet convenu ; nous voilà tous deux contents. Mais si l'autre est forcé de vendre, personne ne reconnaîtra le prix que j'ai payé, comme un exemple du juste prix ; telle est la morale des marchands et la justice des marchands ; et ces lois du Marché, que le Prince essaie vainement de changer, résistent à la manière des lois naturelles. Il faut admirer cette ambiguïté du mot Loi, si bien saisie par Montesquieu. L'état de Paix se développe selon des lois naturelles aussi ; et celui qui les viole se trouve aussitôt rejeté à l'état de guerre avec ses risques indéfinis et l'instabilité qui lui est propre. Dont témoigne le prix du beurre, la mauvaise foi répondant infailliblement à la contrainte, d'après les rapports vrais de la Force et du Droit, qui nous renvoient au nez nos propres sottises. Or nous voilà à régler par la force une juste indemnité, ce qui est aussi un problème résistant, et par les mêmes causes. Quoi que vous imposiez, c'est la guerre qui continue; la guerre n'a pas cessé un instant. Et pour ceux qui veulent la guerre, il importe peu qu'ils s'aveuglent ou non là-dessus. Mais pour ceux qui veulent la paix, il importe beaucoup qu'ils réfléchissent sur le Droit et sur la Force, sans quoi ils pousseront en aveugles avec les autres, et par les Traités comme par le canon, feront la guerre pour avoir la paix. Vainement.

B) LA VICTOIRE NE GARANTIT RIEN.

« L'Alsace et la Lorraine sont redevenues françaises ; personne ne nous les arrachera. » Quand la même chose fut dite, et sur le même ton, au lendemain de la victoire, j'en fus choqué d'instinct, comme je l'aurais été si un champion de boxe avait dit : « Maintenant je ne serai plus jamais battu. » Je fis la part des passions, et d'un entraînement assez explicable. Maintenant il y a récidive. Il faut pourtant que le bon sens trouve à se faire entendre.

Tout est ridicule ici. Celui qui invoque la force pouvait dire seulement ceci : « On ne nous les arrachera pas sans combat ; et c'est une chose en tout cas que je ne verrai point, car je serai tué. » Mais l'homme devait pouvoir montrer ses blessures. Dans la bouche de celui qui n'a point combattu et qui certainement ne combattra point, ce genre de serment ferait pitié. Mais ne tendons point, comme disait l'autre, nos filets trop haut. Ce qui fut dit en notre nom est encore bien au-dessous de la rhétorique la plus facile ; et cela va si droit contre la sagesse la plus commune que la critique y trouve à peine où se prendre.

On peut ignorer tout des jeux de la force ; on peut avoir lu l'histoire sans surmonter les mots et sans soupçonner les choses mêmes ; mais qu'un homme qui a seulement vécu puisse borner là ses pensées, cela n'est point vraisemblable. Mais enfin cela est. Où l'on est attaché, il faut brouter ; et prendre les liens de société comme des faits. Si les hommes qui pensent ainsi sont le plus grand nombre avec nous, il faudra se battre pourtant à côté d'eux. Cela c'est le strict devoir, et c'est aussi clair qu'un coup de poing. Mais rien au monde ne m'oblige à les approuver, ou seulement à faire silence quand ils improvisent, sans aucun risque pour eux, et à grand risque pour nous tous, des discours d'enfant.

Ne rougissons point d'examiner. Est-ce que ces provinces n'ont pas été reprises à l'ennemi ? Est-ce que la chose fut facile ? N'importe quel soldat, et le plus simple même des hommes, pensera aussitôt aux retours de fortune. Ce que la force a fait, la force le peut défaire. Et la sagesse populaire a toujours redouté, comme un mauvais présage, ces déclamations d'un fol orgueil, qui semblent défier les dieux. Mais jugeons par les causes. S'il est un moyen de détourner l'Allemagne des voies du droit, de faire qu'elle oublie la révolution qu'elle a faite, d'appeler aux armes tout ce peuple industrieux et patient, de le jeter dans une sauvage ruse et dans une conspiration permanente contre le fait accompli, il se trouve en des défis de ce genre-là. C'est dire à l'ennemi : «Vous êtes abattus, et vous ne vous relèverez jamais. Nous, au contraire, nous avons retrouvé le secret de vaincre, et désormais nous vaincrons toujours. » En vérité c'est tourner contre soi ce qui dans tout homme est l'allié de tout homme, j'entends l'intelligence elle-même. Car une telle affirmation choque par l'absurde. Aussitôt les souvenirs s'élèvent en foule, les conceptions et les méthodes s'offrent d'elles-mêmes ; et ainsi de l'intelligence elle-même descend au devant des passions ce désir d'essayer simplement pour faire mentir le prophète. Et qui ne voit que ces téméraires déclamations justifient d'avance tous les coups du sort ? C'est en appeler au jugement de Dieu. Si la masse des Français n'est nullement disposée à jouer ce jeu-là, il est temps qu'elle le dise.

C) CONQUÉRIR EST IMPOSSIBLE.

astor me dit : « je n'aime point la force. Mais s'il faut employer la force, qu'elle soit alors prompte en son action, et directe ; qu'elle ait une prise ; qu'elle fasse sans retard le changement que l'on attend d'elle, et qu'on ne peut obtenir par aucun autre moyen. Ainsi qu'un furieux soit saisi, ligoté, enfermé ; ou qu'une chose de prix soit enlevée à celui qui la détient injustement ; ou bien, si on veut faire payer un homme qui ne veut point payer, qu'on l'enferme et qu'on le mette au pain et à l'eau ; voilà des contraintes. Mais, en cette action que l'on a projet de conduire outre-Rhin, je ne vois point la force, je vois seulement l'apparence de la force, dont je crains tout le mal possible, sans ce résultat bien clair qui est l'excuse de la force. »

« Vous pensez, lui dis-je, et chacun pense à cette méthode de lever des contributions de guerre dans une ville ennemie. Les notables sont aussitôt entourés de baïonnettes ; ils ne pensent plus à raisonner, mais à exécuter l'ordre. Le trésor sort de la cachette. »

« Est-ce encore bien sûr, que l'or sorte de la cachette ? dit Castor. N'y a-t-il point des avares qui se laisseraient piquer par les baïonnettes plutôt que de livrer l'or caché ? Et puis, il faut toujours compter avec le courage. Et n'y a-t-il pas des hommes et même des femmes qui se laisseraient fusiller plutôt que de subir la volonté de l'ennemi ? »

« Mais, lui dis-je, nous n'en sommes point là. Il n'est nullement question d'enlever une douzaine d'industriels et de banquiers, et de les mettre à casser des cailloux jusqu'à ce que leur or soit dans nos caisses. je laisse les conséquences ; mais cela n'est même point concevable. Nous ne sommes plus au temps des mousquetaires ; nous n'aimons point la force ; il nous faut l'entraînement et l'emportement des masses en action et l'inflexible nécessité, sensible dans l'obus, l'incendie, les cadavres ; alors on ne regarde pas à un coup de botte. Mais en pleine paix, et devant l'adversaire désarmé, attaquer brutalement et sans le moindre égard, c'est ce que nous ne savons point faire, et c'est ce que nous ne ferons point. »

« D'accord, et c'est très bien ainsi, dit Castor. Mais voyons. Conquérir une province de plus, cela n'enrichit point ; je tiens que les frais d'administration égaleront pour le moins les contributions que l'on peut lever ; tel est le sort des gouvernements ; ce métier n'enrichit point. Dans le fait nous allons nous substituer à des patrons ou à des actionnaires, faire travailler des mineurs, des cheminots, des chaudronniers ; il faudra assurer la nourriture, le logement, l'habillement de ces hommes-là, bref : entretenir la force de travail, comme on dit ; les bénéfices seront pour nous. Bien. Mais nous aurons charge d'administrer et de vendre, et par fonctionnaires ; cela ne coûte pas peu. L'excédent n'est pas près d'égaler ces réels milliards qu'il nous faudrait bon an mal an. Un simple million de bénéfice net, cela représente déjà une belle somme de travail et de bonne volonté, sans compter des circonstances favorables, une activité admirable des échanges, et des clients fidèles. Or, mettant au mieux ce qui est incertain, nous savons que le travail forcé est lent et négligent et qu'il entretient au plus juste la force de travail ; nous n'avons pas le fouet des planteurs, ni leur terre vierge. Je sais bien que nous privons de leur revenu un certain nombre d'hommes riches, et qui pourraient nous faire un ou deux milliards de leurs réserves cachées, s'ils le voulaient. Mais, parmi les moyens de contrainte, je n'ai point vu qu'en prenant à un homme riche une partie de son bien on l'ait jamais forcé à donner le reste. Bref, la force n'ayant d'excuse que dans ses effets, je cherche les effets. »

D) LE TZAR POINCARÉ

La politique tzariste, en ces dernières semaines, arrive au terme de sa puissance. On peut appeler politique tzariste cette frivolité de théâtre qui domina sous le précédent règne. La triste figure du tzar, roi d'apparences et lui-même Apparence, représente assez bien le fond masculin, si l'on peut dire, de ces pensées sans consistance qui furent officielles chez nous pendant le grand massacre, et qui sont encore académiques. J'ai ouï conter qu'au commencement de l'alliance russe, des femmes élégantes, et soumises aux convenances dans leurs démarches ordinaires, se jetaient au cou des officiers russes. Les femmes sont redoutables en ces crises. Elles traduisent en force les lieux communs des hommes fatigués. je croirais assez que dans le sexe actif, la vitalité, qui se développe en entreprises réelles, produit des idées d'après l'ordre inflexible des choses, ce qui fait qu'un homme énergique peut avoir des idées courtes, mais non pas des idées creuses ; au lieu que le sexe affectif réchauffe les idées, quelles qu'elles soient, par le sentiment, sans tenir compte de la réalité extérieure. C'est par ce jeu d'illusions que la société polie est redoutable.

Il faudrait recueillir et mettre en système ces opinions fantastiques que répétèrent, faute de trouver mieux, les hommes sans virilité, pendant que les autres avaient assez à faire de penser canons, munitions, ravitaillement. La guerre est faite par les forts, et pensée par les faibles. Ainsi les pensées de l'arrière furent tolites des lieux communs conformes au désir. Avant la guerre déjà, et dans le paroxysme de l'affaire Dreyfus, je remarquais un contraste entre les hommes d'action, capitaines ou colonels, qui, par le contact avec les hommes et les choses, essayaient quelquefois de ne pas déraisonner, et les femmes de la même société, jusqu'aux jeunes filles, qui faisaient voir un fanatisme sans nuances. Quand les hommes faibles, et portés au pouvoir par le seul art de répéter, traduisent dans leurs décisions, si l'on peut ainsi dire, ces idées extravagantes, formées au niveau du diaphragme, il en résulte les plus redoutables convulsions de la force sans tête, jointes à des doctrines politiques tout à fait ridicules.

J'avais parié, dès l'armistice, que le régime tzariste ne survivrait pas à la guerre, et que le bavardage de guerre serait détrôné aussitôt par les soldats revenus. Je perdis mon pari ; et il me fut dit, de plus, que je n'entendais rien à la politique, et que les soldats étaient crédules aussi bien que les civils. Le fait est que la Chambre nouvellement élue reprenait en chœur les refrains connus ; et notre tzar, indécis à la fois et inspiré, ne prenait le parti d'une retraite volontaire qu'avec l'espoir d'un brillant retour. On voyait reparaître les raisonnements creux et les opinions conformes aux désirs. L'esprit de guerre renaissait, et la guerre même allait suivre. La politique retournait en ses anciens chemins. Mais il s'est fait pourtant, le grand changement que j'attendais ; avec frottements et retards, comme il arrive en ces situations enchevêtrées. L'opinion, qui n'avait pas su faire une Chambre, se manifestait pourtant de mille manières ; et le pilote, quoi qu'on puisse penser de lui, n'est pas un homme faible ni crédule, ni disposé à prendre pour vrai ce qui est agréable ; mais explorant et comme palpant en beaucoup de points l'opinion réelle et les réelles difficultés, il a donné audience à quelques vérités amères ; et gouvernant d'après ce qui est, sans écouter beaucoup de folles déclamations, il a fait apparaître quelques contours et quelques profils de la réalité politique. Les choses sont bien comme j'attendais, mais lentes et comme circonspectes. Tassement, et non retournement. En somme, j'ai gagné mon pari.

E) LES MODÉRÉS SURPRIS QU'ON OCCUPE LA RUHR

Le Modéré m'a dit: « Je ne suis point content ; je ne puis l'être. Nous voilà dans une aventure que je n'aurais pas conseillée. Comment ? Alors qu'on nous répète qu'il nous faut patience et travail pour nous relever de cette ruine, voilà que l'on revient à ce qui nous a déjà ruinés une fois. Nous manquons d'argent et voilà que l'on jette l'argent. Nous manquons d'hommes et voilà que des colonnes de travailleurs sont acheminées vers le travail le moins productif qui soit. Vit-on jamais un pareil contraste entre la modération des propos et l'imprudence des actes ? Ce n'était, disait-on, qu'une expédition d'ingénieurs et de douaniers. On ne promet pas une chose pareille sans avoir l'assurance, d'abord, qu'elle est possible. Nous allions chercher des produits et de l'argent ; mais à peine sommes-nous partis qu'on nous avoue que le profit de l'expédition sera maigre. Cependant la contrainte agit et les colères montent. je ne puis pas ne pas prévoir tout au moins de nouveaux sacrifices d'argent ; je ne défends de regarder plus avant dans l'avenir ; je n'y verrais qu'alarmes, complications, dangers évidents. Et, quoique beaucoup pensent comme moi, je n'aperçois pas maintenant de remède. »

« Tout cela, lui dis-je, est justement ce que vous avez voulu. Il fallait s'y prendre de loin. L'expérience politique a fait voir plus d'une fois que le parti violent finit toujours par l'emporter dès qu'il n'est pas clairement réduit à l'impuissance, publiquement et souvent. La modération, mon cher, est un état qui veut des sacrifices, et un parti bien pris. Vous lisez *le Temps; vous* payez *le Temps,* et *le Temps* parle en votre nom. Quelques milliers d'abstentions l'auraient promptement ramené. Ce politique imprudent, soit qu'il n'ait rien prévu, soit qu'il vous ait trompé, c'est vous qui l'avez porté et protégé. Nous autres, par un instinct sûr, nous voulions mettre au jour tout ce qui pouvait lui enlever crédit et puissance. Et remarquez-le, ce n'était pas difficile ; il était, comme on dit, sur le tranchant du sabre. Impopulaire, évidemment, pendant toute la guerre et encore plus vers la fin. Il suffisait d'une campagne un peu suivie, et en vérité d'une Publicité, comme on dit, un peu organisée, pour avertir la masse insouciante des citoyens. Mais vous haussiez les épaules. Ce qu'on pouvait dire de vrai sur le parti de la guerre en France vous semblait de peu, et byzantin. Peut-être même comptiez-vous ce que cela nous pourrait coûter en marks-or. Eh bien, comptez maintenant.

« Vous dites que beaucoup de citoyens pensent comme vous. En vérité je n'en sais rien. Ou bien alors c'est qu'ils suivaient comme vous cette belle politique, qui consiste à ne rien dire et à lire *Le Temps, ou* quelque autre feuille occupée par le Parti Redoutable. Et, bref, vous suiviez avec intérêt la Politique Exté-

rieure, sans considérer d'assez près la Politique Intérieure, qui commande tout, je conviens que le parti de
la paix n'a point fait voir de chefs décidés, ni une doctrine, ni une organisation. Belle raison pour s'en retirer. Belle raison pour se tenir dans ce centre,
nécessairement poussé à droite s'il ne prend le parti
d'aller franchement à gauche, et de décider selon l'an-
tipathie politique dans les questions nationales. Mais,
puisque c'est le temps de réfléchir, considérez cette
même idée, qui vous étonne et peut-être vous blesse,
sous une autre forme. N'est-il pas évident que la liberté dans chaque État est la seule garantie de justice
pour tous les États ?

F) LA NATURE DES RÉPARATIONS.

Que l'Allemagne paie en espèces ou en nature elle finira toujours par payer en nature, c'est-à-dire, en journées de travail. La monnaie qu'on recevra d'elle ne pourra servir à d'autres achats que si finalement elle peut être échangée contre du travail Allemand. Le paiement d'une énorme indemnité suppose donc une organisation de l'industrie allemande, de l'outillage allemand, du travail allemand. Que les produits allemands soient livrés directement chez nous ou qu'ils circulent dans le monde, cela suppose toujours un relèvement rapide et un accroissement redoutable de puissance. L'imagination a pu rêver que l'ennemi se ruinerait en payant, mais cette idée ne tient pas un seul moment devant le sévère examen de l'entendement. La monnaie d'un pays qui se ruine en payant est une monnaie dont personne ne veut ; car contre quoi l'échangerait-on finalement ?

Les deux manières de payer étant au fond équivalentes quant à l'effet total, il est clair que beaucoup préfèrent le paiement en espèces, si les espèces sont bonnes ; et il faut chercher pourquoi. On aperçoit une raison budgétaire, bien aisée à comprendre, mais encore abstraite. Si l'on emploie l'argent reçu à acheter dans d'autres pays des matières transformables ou des objets fabriqués, ce sera exactement comme si ces matières et ces objets nous arrivaient directement d'Allemagne. Mais on voit ici la différence. jamais l'argent reçu ne sera employé uniquement à récupérer les choses utiles qui nous manquent; mais une bonne partie de cet argent sera versée directement, soit à ceux qui ont subi des dommages, soit à ceux qui ont charge de diriger la reconstitution ; or tous gagneront ici quelque chose. D'après l'évaluation acceptée, il n'est point de propriétaire dans les régions envahies, qui n'ait des raisons de préférer t'argent à la chose. Surtout les comptables, inspecteurs et architectes seront royalement payés dans l'avenir, comme ils sont déjà. Enfin les employeurs d'hommes trouveront à ce travail des bénéfices plus sûrs qu'à n'importe quel autre, n'ayant à craindre aucune concurrence, ni, pour un bon nombre d'années, aucune diminution des besoins.

Supposons que les provinces dévastées soient soudainement remises en état par quelque coup de baguette magique. On peut admettre que les populations ruinées seraient heureuses ; mais on comprend aisément qu'il y a toute une population d'employés, petits et grands, sans compter les employeurs, dont les espoirs seraient anéantis. L'intermédiaire ne peut rien prélever sur les choses, du moment qu'elles ne sont pas vendues, mais données. Une pluie d'or n'enrichirait pas notre pays davantage, mais tous ceux

qui organisent ou administrent y gagneraient beaucoup. Et ceux-là savent parler. D'où tant d'opinions de
belle apparence.

G) LES CONFÉRENCES.

A Gênes, les intérêts européens se composent ; du moins c'est d'après cette idée que l'on essaie de lire l'événement. Pour moi, j'essaie de le lire d'après cette autre idée que les passions mènent tout. Car, si l'on considère les intérêts, le refus de discuter sur certaines questions est tout à fait ridicule ; discuter n'est pas céder ; et le meilleur moyen de s'opposer à des ententes secrètes est certainement de traduire les problèmes au grand jour. Mais nos diplomates vivent dans l'apparence et sauvent leur majesté ; ils veulent ignorer ; ils considèrent que ce qui les offense est scandaleux en soi. Semblables en cela à ces généraux qui devraient se soucier peu d'une réponse déplaisante, puisqu'ils ont tout pouvoir, mais qui s'en irritent pourtant, ce qui fait voir que le vrai bonheur du tyran est de régner sur les opinions.

Il faut convenir que nos académiciens ont du bonheur chez nous. Ils ont à la Chambre une sorte de Garde Rouge, couleur de guerre, qui les préserve d'entendre des vérités peu agréables. Si un homme de la gauche parlait de traités secrets, d'impérialisme ou de responsabilités, les hurlements couvriraient aussitôt sa voix. Je comprends que notre roi d'Académie se soit refusé à toute discussion publique hors de France ; c'est qu'il n'aurait plus eu alors sa Garde Rouge ; il aurait dû entendre, alors, justement ce qu'il ne veut pas entendre. Il l'aurait entendu, et la foudre n'aurait pas frappé l'insolent. Il est moins pénible de lire ; on ne voit pas alors ce visage humain qui ose ; et les flatteurs autour, qui commentent en lisant avec les gestes de l'admiration et du dédain, restaurent la Majesté.

De l'autre part, des passions encore ; chacun prépare sa flèche ; et l'on voit que le Remplaçant a reçu une grêle de flèches. Les Russes ne sont que l'extrême gauche d'un Parlement européen où la droite manque. L'homme d'Académie y est seul et comme désarmé ; son regard cherche vainement les hurleurs de la Garde ; et quand il a dit deux ou trois fois : « je ne tolèrerai pas, j'y suis bien résolu », il doit entendre; et que peut-il répondre ? « Si vous donniez Constantinople à la Russie, comme vous l'avez promis, nous rendrions aussitôt Constantinople à ses naturels occupants ? » C'est un mot bien aiguisé, mais qui est sans lien avec les intérêts réels. Il s'agit d'autre chose ; il s'agit de faire entendre au tyran des opinions justement qu'il ne veut pas entendre. De même il faut d'abord parler de désarmement, puisque le tyran ne veut pas qu'on en parle. Et voilà ce qu'il en coûte de vouloir exercer un droit de veto où l'on n'a point pouvoir.

La convention entre l'Allemagne et la Russie était une chose faite, d'ailleurs naturelle et prévisible. Mais ce qui n'était point prévu, c'est que les contractants sauraient d'abord n'en rien dire, et choisir le moment, comme s'ils avaient cherché l'occasion de déplaire. Par exemple, ainsi que les jugeurs sans passion l'ont remarqué, l'annulation des dettes entre deux pays également insolvables est sans aucune conséquence ; mais on pouvait en tirer un trait de polémique. Et ce traité, dans l'ensemble, réalise justement ce qui était défendu, et exprime ce qu'il est scandaleux d'entendre. C'est un effet de théâtre, et ce n'est rien de plus. Il est hors de doute que si nous avions envoyé à Gênes des représentants moins hérissés de Majesté, et mieux préparés à une discussion selon les règles ordinaires, les mêmes choses auraient été dites ou faites bien plus simplement, sans aucun scandale, selon la bonne humeur et selon la politesse. Un avoué vous dira que les procès se font par les passions. Et un notaire passe plus de temps à faire oublier un mot malheureux de belle-sœur à beau-frère, qu'à mettre en forme un arrangement presque toujours dicté par le bon sens, interprète de la nécessité.

H) CE QUE PEUT L'ARBITRE.

« **L**a plus grande folle, dit l'Américain, est de vouloir armer les Nations contre la Guerre. Non, non. Le tribunal des nations prononce à la manière d'un arbitre. La première faute, et peut-être la pire, est de repousser d'avance le jugement de l'arbitre et de prétendre décider soi-même de ses propres droits. Je suppose donc quelque puissante nation qui se mette ainsi en révolte ouverte contre le pouvoir moral ; pis encore une nation qui dans la paix même saisisse les biens d'un pays voisin et les administre par la méthode militaire. Enfin je suppose que cette nation entretienne de grandes forces, et cherche partout des alliés, leur offrant de l'argent, des armes et même des généraux. Eh bien je dis qu'il n'est pas difficile de réduire cette nation rebelle, s'il y a seulement dans les autres pays un homme sur mille qui le veuille sincèrement. »

« Expliquez cela, dit le Français. Mais n'oubliez pas que vous aurez contre vous un peuple fier, et tout prêt à sauter sur les armes, si vous prétendez seulement lui faire la leçon. »

« Je sais, dit l'Américain, que la morale est mal reçue partout. Mais la leçon sera muette. Vous savez que le refus de concours est, selon la raison, le dernier refuge de l'homme libre. Vous vendez trop cher ; si je refuse d'acheter, tout est dit. Vous payez trop peu ; si je refuse de travailler, tout est dit. Or, ce que l'on n'a point vu encore, et ce que l'on verra, c'est le refus de concours des nations ; et cette excommunication muette se traduira par le cours des changes, avertissement propre à faire réfléchir le peuple le plus fier et le mieux armé. »

« J'ai toujours vu, dit le Français, que le cours des changes dépend de la quantité de monnaie fiduciaire qu'une nation se risque à jeter sur le marché ; et, accessoirement de l'ordre ou du désordre intérieur que l'on voit dans ses recettes et dépenses, parce que la mauvaise administration annonce le recours au papier. Cette fière nation saura bien se discipliner et se priver de l'inutile. Sa monnaie tiendra par les mêmes vertus qui font les armées invincibles. »

« Je ne sais, dit l'Américain. Il me semble que le cours des changes dépend encore d'autres conditions. Si je reçois votre monnaie pour bonne, cela signifie que j'ai l'intention d'acheter chez vous. Si je n'ai pas l'intention d'acheter chez vous, votre monnaie ne représente rien pour moi ; elle doit tomber au zéro si le refus de concours, ici refus d'échange, est unanime. Il ne le sera jamais. Mais sans doute n'en faut-il point tant. Un mouvement d'humeur général contre une nation batailleuse, l'idée que ses prétentions troublent profondément toutes les affaires, l'exemple de quelques-uns toujours puissant dans les crises de crédit, enfin quelque passion de lutte, l'idée même d'essayer cette arme nouvelle, sans compter les manœuvres de ceux que cette nation menacerait particulièrement, il me semble que toutes ces conditions réunies assureraient la plus implacable, la plus irrésistible punition. Blocus invisible, sans vaisseaux ni surveillance, par la seule action je ne dirai même pas d'un blâme, car il n'en faut point tant, mais plutôt d'une abstention, d'une absence, ou d'une simple inattention. »

« Mais, dit le Français, un peuple peut se suffire à lui-même ; non sans peine ; mais on n'a pas essayé encore ce que peuvent travail et frugalité. »

« Je le crois, dit l'Américain ; mais je crois aussi qu'à ce régime aucun peuple ne peut faire la guerre ni la préparer. A mes yeux c'est toute la question. »

NULLE VIOLENCE N'EST UTILE EN ÉCONOMIE

A) L'ÉTAT NE PEUT RIEN CONTRE L'ÉCONOMIQUE.

Nulle puissance ne peut obtenir que les fromagers laissent un peu de lait pour les nourrissons. Nulle puissance ne peut empêcher que les marchands gagnent autant qu'ils peuvent. Il suffit d'une loi ou d'un décret pour que des hommes s'exposent à la mort ; mais aucun décret ni aucune loi ne peut faire baisser le prix du beurre. Le même paradoxe se retrouve dans le petit royaume borné par notre épiderme, et que notre jugement gouverne aussi par lois et décrets. Un homme peut décider qu'il s'embarquera pour l'Amérique, mais il ne peut décider qu'il n'aura pas le mal de mer. Un homme peut apprendre le violon, mais il n'a aucune puissance directe sur les battements de son cœur. C'est en vertu d'un rapport du même genre que celui-là que le commerce résiste à la loi. Cela ne me déplaît point et ne me décourage point ; bien au contraire cela me rassure et me réconforte. Il faut que je dise pourquoi.

Toute industrie trouve appui dans une nature extérieure qui résiste et qui fait sentir sa loi inflexible. « On ne s'appuie que sur ce qui résiste », a dit je ne sais quel homme d'expérience. Le fer résiste au marteau ; il tiendra bon aussi dans la place où vous le mettrez. On pourrait bien penser, en abstrait, que si la nécessité extérieure suit des lois inflexibles, nous perdons alors tout espoir de la modifier. Sur quoi un professeur, qui ne fait point œuvre de ses mains, discute tristement. Mais le forgeron se moque de cela et tape sur le fer. Et sur toute la planète les hommes creusent, labourent, défrichent, transforment, exploitent. Par de petites ruses et de petits changements ; petits si on les compare à la masse planétaire, au mouvement des glaces, des eaux et du vent. Petits changements mais qui suffisent. L'homme ne change point le vent, mais il tend obliquement sa voile, tient ferme la petite planche qui lui sert de gouvernail, et va à ses fins par l'effet des lois inflexibles.

Il y a des époques où l'on pourrait croire que la nature humaine est flexible à l'homme, et que les lois des société-, dépendent de la volonté d'un tyran, ou d'un parlement, ou de la masse elle-même des citoyens, autant qu'elle préfère et décide. Et cela donne espoir à ceux qui n'ont pas forgé le fer, ni manié des choses. Au contraire, si je croyais cela, je serais sans espoir ; car je ne puis attendre que les pouvoirs soient sages ; et quand tous y participeraient, ce n'est pas une garantie suffisante contre les passions ; on ne le voit que trop. Si le médecin pouvait beaucoup sur mon corps, je craindrais le médecin ; mais il ne peut guère, et c'est par là qu'il peut.

De même il me plaît de découvrir en ce monde politique où chacun décrète, préfère, choisit, improvise en idée, il me plaît de découvrir une nature économique qui nourrit tout et porte tout suivant des lois inflexibles. Voilà une limite pour le tyran, un appui pour l'action, un fer à forger. Sans métaphore, j'y retrouve la terre, si belle à contempler en ses invariables saisons.

B) RENDRE LIBRE LE COMMERCE DU TRAVAIL.

« Les ouvriers ne sont point la majorité ; l'opinion est contre eux. » Ainsi parlait un homme obèse, qui s'en allait à la chasse avec son valet, ses deux fusils et son pliant. Il est bon de voyager, afin d'entendre les opinions de cette espèce d'hommes. J'admirai comme ingénument cet important seigneur invoquait le nombre contre le droit. Avouez qu'après quatre ans de tyrannie, exercée au nom du peuple contre tous les droits des citoyens, après que la liberté d'opinion fût poursuivie et punie comme un crime, sans autre effet qu'un redoublement de respect et de silence, il est dur de négocier avec des tisseurs qui se jugent trop peu payés Passe encore si la masse des sujets, la guerre finie, avait revendiqué ses droits ; mais on voit qu'ils se contentent encore maintenant de cette parcelle de pouvoir absolu qu'ils paient de la servitude. Le salut du peuple, aujourd'hui comme hier, est la suprême loi. Qui empêche qu'on limite les salaires, puisqu'on s'arroge le droit de limiter le prix du bœuf ?

Je ne sais si, dans cette masse de chair, le raisonnement allait jusque-là. La même cause, heureux et gras Démocrate, arrête dans les deux cas l'action des pouvoirs. Ce n'est pas le droit, et ce n'est pas la force, mais c'est l'antique loi des marchés. Si vous limitez le gain du producteur, vous limitez la production. Si c'est un bien ou un mal, les statisticiens le diront, et se tromperont peut-être ; mais les marchés sont au-dessous du bien et du mal. Une industrie, un genre de culture peuvent être utiles à l'État ; ce n'est pas une raison suffisante pour qu'ils prospèrent, s'ils ne paient pas celui qui y donne ses soins. Le travail serf, que ce soit celui du patron d'usine, du paysan ou de l'ouvrier, tombe aussitôt au-dessous de ce régime accéléré qui assure un excédent. Si notre gros chasseur tirait ses rentes du travail militaire, travail serf, il devrait bientôt gagner lui-même sa journée. Les serfs travaillant partout sous le fouet, chacun gagnerait tout juste de quoi ne pas mourir. Et qui nourrirait le fouet ?

Il faut donc que le commerce de la force du travail soit libre, comme tout autre commerce. Il faut que le prix d'une journée d'homme soit débattu et fixé par consentement, comme le prix des œufs. Il le faut, non pas parce que c'est juste, mais parce que commerce est commerce. Et dès que l'on oublie ces lois naturelles de toute Économie, la marge de richesses sur laquelle les oisifs prélèvent de quoi s'entretenir en graisse s'amincit aussitôt, et deviendrait nulle. Aussi les tyrans les plus déterminés ont toujours capitulé devant les marchands. Une armée qui pillerait les marchés serait promptement réduite à mourir de faim. Il n'y a point de raison pour qu'une armée puisse impunément piller le marché du travail, plutôt qu'aucun autre.

Ici donc s'établit le droit réel. Non pas abstrait et

en quelque sorte métaphysique, mais résultant de la nature même des choses, comme Montesquieu voulait. Et la loi, par rapport à ce droit-là, n'est que négative ; elle écarte les forces perturbatrices. Dès que la bonne femme est assurée de son panier, alors elle se conforme aux lois non écrites, qui ne sont nullement celles d'Antigone, mais inférieures, et fortement enracinées. Mais comme ces lois tiennent le tyran aussi, et par les pieds en quelque sorte, ce sont peut-être aussi les lois d'Antigone ; et il se peut que toute justice soit fille du panier aux œufs.

C) L'ESPRIT DE RÉVOLUTION.

Dans une révolution, il y a naturellement beaucoup à discerner ; car l'idée et la violence sont ensemble ; l'idée se simplifie par la pressante nécessité, mais la violence a mille visages. J'y devine des brutes redoutables qui s'enivrent de puissance ; aussi des prêtres froids, qui sont les mathématiciens de la chose. Et ces deux forces jointes développent vraisemblablement des maux inouïs. Mais le mouvement, dans son ensemble, dépend de causes plus ordinaires, explicables par la commune nature humaine. Seulement les pouvoirs n'osent pas regarder par là. Ayant tout osé et impunément, ils se croient adorés. Il faut avoir été soi-même homme de troupe, dans les temps où l'arrogance triomphait avec éclat, pour savoir ce que c'est que l'esprit de révolte. D'un côté le ridicule s'étale, parce qu'il n'est pas permis de rire, et l'humeur insulte sans aucune mesure. Parmi les esclaves s'exerce le jugement Ésopique, qui finit par tirer au clair une sorte de philosophie effrayante ; car toutes les injustices et toutes les erreurs sont démêlées et en quelque sorte définies sans aucune atténuation jusqu'à ce point que l'espérance même d'un peu de générosité, d'un peu de justice, d'un peu de bon sens, est effacée sous la masse des récits concordants ? Ici travaille l'esprit de système, non point selon l'utopie, comme on voudrait croire, mais au niveau de l'expérience immédiate. L'ironie est saisie sur ces ruines, et confirme le désespoir. Et cependant comme tout se fait, et surtout les actions difficiles, par l'attrait du bien faire et par la nécessité, le pouvoir se croit aimé. N'ai-je pas lu, au sujet des mutineries militaires, que ces hommes dévoués avaient été égarés, certainement, par quelques prêcheurs de doctrine ? Or je puis dire que tous les hommes de troupe que j'ai connus, aussi bien ceux qui supportaient le plus difficilement l'esclavage et l'humiliation, étaient absolument défiants et même hostiles à l'égard de toute doctrine politique ; et cette amère sagesse, si durement acquise, les éclairait encore mieux là-dessus. Comment auraient-ils donné confiance à des discours bien faits, eux qui voyaient justement l'envers de la plus brillante tapisserie, eux les soldats du droit et de la civilisation ? Autant que j'ai pu voir, ils ne croyaient plus à rien.

Ils croyaient à la vengeance. La colère à chaque instant éveillée et réprimée se donnait une échéance ; au plus tard après la victoire. Chacun imaginait, dans ce silence trompeur, quelque renversement, où les tyrans seraient humiliés à leur tour, quelque état social, d'ailleurs indéterminé, où les puissants baiseraient la terre. Cette vision de la justice n'était nullement dans les nuages, mais se traduisait au contraire en des images d'une précision puérile. Que de fois n'ai-je pas pensé, traduisant les passions qui m'étaient propres : « Quand viendra le jour où je pourrai prouver à ce polytechnicien qu'il n'est qu'un sot ? » Cette politique est courte. Ce fut celle de tous les opprimés. Ajournée encore pour presque tous, non pas oubliée. J'ose dire que le groupe Clarté n'a jamais bien su ce qu'il pensait, mais qu'il a toujours su ce qu'il voulait. Ainsi que vienne la révolution, diffuse ou non, par opinion ou par coup de main, beaucoup s'y mettront d'humeur, qui n'y sont point du tout en esprit. Je conclus que la révolution russe fut de vengeance d'abord, et communiste par nécessité, car que faire d'autre dans les ruines ? Et ce n'est point un ordre social abstrait, qu'ils ont détruit, mais plutôt ils ont cherché tout droit à punir tous les tyrans, grands et petits, brisant en même temps l'occupant et la coquille. Mais les politiques ne veulent point croire cela, et je dirais même qu'ils ne peuvent pas le croire, étant bons princes à leur estime ; et ils se dépensent à montrer l'impossibilité du communisme à des gens comme moi, qui voudraient justement chasser l'occupant sans briser la coquille.

D) LE COMMUNISME.

Le collectivisme et le communisme ne sont point des doctrines politiques ; ce sont des manières de vivre qui sont permises partout, que l'État ne peut point empêcher, et qu'il ne peut point non plus ordonner. Des paysans peuvent mettre en commun leurs champs et leurs troupeaux s'ils le veulent ; ils peuvent répartir les produits selon le travail et même selon les besoins ; s'ils le veulent, alors tout ira bien ; mais s'ils sont forcés, alors tout ira mal. Là-dessus le droit commun est spectateur en quelque sorte, comme on voit par les maximes : « Le contrat est la loi des parties », et « Nul n'est tenu de rester dans l'indivision ». L'arbitre ne fait ici autre chose que devancer l'expérience ; car une association qui n'est pas aimée des associés est en voie de périr. L'État ne peut nullement s'opposer à la coopération, ni à l'assistance mutuelle, ni à l'assurance mutuelle ; mais il ne peut pas non plus les imposer.

Ce qui trompe, ici, c'est que l'État est lui-même un

communisme pour certaines fins, comme la sûreté, et un collectivisme pour d'autres fins, comme les postes ou les chemins de fer et canaux. Assurément j'ai ma part de coopérateur dans les écluses et dans les fils télégraphiques ; et je ne puis la retirer ; j'ai ma part aussi dans les canons et mitrailleuses, et je ne puis la retirer. Mais aussi l'on a dit et redit que ce groupement forcé ne rend point ce qu'il pourrait, comme le travail militaire le fait voir, qui est fait sans amour, on peut le dire, en sorte qu'il faut au moins quatre hommes pour faire la journée d'un, sans compter les surveillants. Il est vrai qu'en revanche tout est commun, la nourriture, le vêtement, et l'hôpital. On pourrait dire que, dans ce communisme forcé, les produits sont passablement distribués ; seulement il y a très peu de produits à distribuer. C'est la raison pour laquelle on n'a pu mobiliser tous les citoyens sous le régime militaire. Il se peut que les Soviets aient tenté cette expérience et qu'une misère générale en ait été le premier effet. Peut-être se sont-ils ruinés à organiser la surveillance ; je le croirais assez ; mais comment savoir ?

Une telle expérience ne prouverait point que le communisme est impossible ; elle prouverait que le communisme forcé est ruineux. Mais je ne crois point qu'un communisme volontaire soit nécessairement tel. Car, premièrement, chacun étant son propre surveillant, on doit économiser beaucoup sur le contrôle. De plus il y a dans le sentiment qui attache l'homme à la propriété autre chose que le plaisir d'avoir, et c'est le plaisir de faire ; c'est pourquoi l'homme peut s'intéresser de cœur à une œuvre commune et y retrouver avec bonheur la marque de son outil. Il faut une noire servitude pour arriver à détourner l'homme de bien faire ce qu'il fait. Paresse n'est peut-être jamais que révolte diffuse. Et il est clair que cela dépend des travaux ; car un sculpteur ne tient pas à garder sa statue pour lui seul. Au reste l'expérience de la libre coopération se fait ; nul ne peut l'empêcher ni ne songe à l'empêcher. Ne votons point là-dessus c'est temps perdu.

CHERCHONS LE RENDEMENT, NON LA PUISSANCE

A) QUE LA MACHINE RESTITUE DU TRAVAIL HUMAIN.

J'ai formé, il y a bien dix ans, une idée fausse qui peut conduire à quelque idée juste ; cela est arrivé plus d'une fois, et je crois même que personne n'échappe à cette condition, de se tromper d'abord ; je fais exception pour le polytechnicien, parce qu'il a appris des autres un certain nombre d'idées toutes faites et incontestables, dont il ne tire jamais rien. Mais voici l'histoire de mes lentes et pénibles méditations sur nos machines ; j'ai le sentiment qu'elle ne sera pas inutile à quelque esprit vif, mais trop peu obstiné, qui peut-être ne songerait point de lui-même à chercher par là.

Je revins d'abord aux machines les plus anciennes, parmi lesquelles l'arc retint le mieux mon attention, par cette beauté de l'arme et du geste que les artistes ont consacrée. je me rendis familière d'abord cette idée bien connue, et peut-être trop vite connue maintenant, que l'arc ne travaille point du tout pour le chasseur, mais restitue seulement le travail que les muscles lui fournissent, changeant en une rapide impulsion l'effort d'une traction lente. Par cette ingénieuse machine, la double pression qu'Ulysse exerce sur le milieu de l'arc et sur le milieu de la corde se trouve rassemblée toute sur l'encoche de la flèche, et explose là précisément, dans la direction même de la flèche. Que le meilleur arc soit celui qui restitue le mieux ce travail transformé, et qu'aucun arc ne puisse ajouter une parcelle à l'effort musculaire de l'archer, tout le monde le sait, quoique l'imagination nous tire toujours à croire qu'il y a une vertu propre dans l'arc d'Ulysse ; mais c'est la force d'Ulysse qui lance la flèche.

Partant de là, je voulais considérer aussitôt le fusil comme une autre espèce d'arc, de façon qu'au moment où le fantassin Ulysse appuyait sur la gâchette, le fusil restituât aussi la force humaine seulement rassemblée, concentrée et dirigée contre l'arrière du projectile et selon la direction du canon. Mais la force humaine n'est plus ici la force d'Ulysse, car il n'a fait que loger la cartouche, fermer la culasse et épauler ; ce travail musculaire est sans rapport avec la formidable pression que les gaz délivrés exercent sur la balle. Il n'en est pas moins vrai que la douille, la poudre, la balle et le fusil représentent ensemble une somme de travaux musculaires qui n'est pas petite ; et je retrouve ici le geste de milliers d'Ulysse tendant cet arc à l'avance. Supposons le seul Ulysse ayant la charge de préparer un coup de fusil. Je le vois cherchant les minerais de fer et de cuivre ; fondeur, puis forgeron ; mais il a dû faire d'abord le fourneau, l'enclume, le marteau et les limes, et puis inventer la poudre, c'est-à-dire encore séparer, triturer, cuire et recuire. journées de travail innombrables. Son arc lance maintenant la petite flèche de métal beaucoup plus loin ; mais c'est qu'il a tiré bien des journées pour tendre son arc. je m'exerçais donc à retrouver dans le choc de la balle jusqu'au coup de marteau du forgeron. Et j'appliquais toujours la formule de mécanique, évidente pour l'arc, mais déjà assez cachée pour le fusil, c'est que la machine ne restitue jamais que le travail musculaire, sans y rien ajouter. C'est ici que les objections se montrent, parce que l'imagination nous tire plus fortement que jamais à croire qu'il y a une vertu propre dans la poudre, qui ajoute quelque chose au travail humain.

Ici est le point difficile. Il est connu qu'une poudre ne rend en chaleur, c'est-à-dire en force explosive, que la chaleur qu'on y a concentrée en quelque sorte en la fabriquant. Mais l'homme ne fait pas le charbon ; il le trouve dans les forêts ; de même l'homme trouve le pétrole. C'est en cela que le fusil, et aussi l'avion, dont le moteur n'est qu'un fusil composé, différent de l'arc d'Ulysse. Et, même dans le bateau d'Ulysse, la force du vent était toute trouvée. je n'allais pas soutenir, certes, que le secours du vent, qui remplace dix rameurs, ne dépassait point par ses effets la somme de travaux du charpentier qui avait construit la barque, de la fileuse, du tisserand et du cordier. Toutefois je ne crus pas que j'aurais perdu mon temps si seulement j'arrivais à voir, à côté du tranquille pilote au gouvernail, une foule d'hommes invisibles qui poussaient la barque.

B) LA MACHINE CONCENTRE LA PUISSANCE.

Ulysse lance une flèche vers le ciel ; cette flèche lui tombe sur la tête. Chacun comprend que c'est la force d'Ulysse qui blesse Ulysse, et encore diminuée. La flèche n'a point gagné des forces dans ce ciel indifférent ; au contraire, elle en a perdu par le frottement de l'air, en descendant comme en montant. C'est une partie de l'effort du bras, ramassée sur cette pointe de métal, qui perce le crâne de l'imprudent.

Lorsque des maçons ont élevé à dix mètres en l'air une pierre de mille kilogrammes, si la chaîne se rompt, c'est une puissance propre à la pierre qui semble écraser les choses et les hommes. Mais point du tout. Cette puissance invincible c'est la somme des travaux que le manœuvre a exercés sur la manivelle ; la grosse pierre, lorsqu'elle tombe, ne fait que restituer ces travaux en un court moment, et encore avec perte, principalement par le frottement des engrenages et des axes, qui se sont échauffés un peu. Comme si Ulysse avait mille fois tendu son arc, et recevait tous ces travaux ensemble ramassés sur la pointe d'une seule flèche.

Les ouvriers de la Badische Anilin ont soulevé une montagne à quelques centaines de mètres en l'air ; la corde s'est rompue, et ils ont reçu leurs propres travaux sur la tête. 'Foute pression est obtenue par un long travail des pompes. Pompes à vapeur sans doute ; mais remontez à l'origine, vous trouverez le travail humain, le travail d'Ulysse qui tend son arc. Le charbon était dans l'a terre, et tout à fait inerte vous le tirez de là, vous le transportez ; déjà vous tendez l'arc. Le charbon, en brûlant, disperse l'énergie qu'il enferme ; mais le travail humain a construit un foyer et une cheminée. La vapeur d'eau se mélange à l'air et se condense en nuages, formant des pluies et des fleuves, énergie capricieuse ; mais le travail humain construit des chaudières résistantes ; l'arc se tend peu à peu, par le travail humain. Les pompes sont en marche ; l'immense gazomètre est dressé par d'autres travaux ; des milliers de mains humaines, par leurs mouvements combinés, compriment le gaz et le maintiennent. Les journées de travail s'accumulent, non sans perte. Un homme peut tuer un homme d'un coup de marteau. Mais qui fera le compte des coups de marteau rassemblés dans ce gazomètre immobile ? Ce fer, ce charbon, ce gaz étaient inertes par eux-mêmes ; c'est le muscle humain qui leur a donné cette puissance volcanique. Le fer, instrument de nos travaux, est lui-même produit par nos travaux. Le fer, à l'état d'oxyde, n'est qu'une terre sans consistance ; c'est le bras du forgeron qui soutient la tour Eiffel. Je ne vois, dans ces œuvres industrielles, que le charbon qui tienne enfermée quelque énergie étrangère au travail de l'homme ; mais encore il ne la cède pas sans un prodigieux travail humain ; ou bien elle est inutilisable. Il faut la conduire et la canaliser ; et la puissance des travaux que l'on utilisera dépend de la solidité des canaux. La machine à vapeur semble marcher par la propriété des corps qui la composent ; en réalité c'est le forgeron qui tourne la manivelle. Et comme, dans cette accumulation de travaux, il y a d'immenses frottements et une quantité prodigieuse d'efforts musculaires perdus, je me demande si la puissance mécanique obtenue dépasse jamais, au total, la somme du travail musculaire dépensé. Mais quel comptable tiendra ce Grand Livre ?

C) BONNES ET MAUVAISES MACHINES.

Un cheval est une machine qui rend évidemment plus de travail qu'on ne lui en fournit. Comptez les soins de capture, ou les soins d'élevage, et la fabrication de la bride, du mors, de la selle, comptez même la culture des prairies, il est clair que le cavalier tient en main, modère et dirige une force explosive qui dépasse de loin ses travaux passés et présents ; un cheval pousse au soleil, en quelque sorte, comme l'herbe dont il se nourrit. Le cavalier, d'un mouvement de doigt, fait tourner le puissant animal. Ce n'est plus ici comme dans l'arc d'Ulysse, où l'archer retrouve tout au plus l'effort de ses bras. La puissance du cheval existe, et il est bien aisé de la soumettre en faisant agir la douleur, par le mors et l'éperon ; mais ces faibles travaux peuvent devenir eux-mêmes inutiles ; il suffira d'un mot.

Le bateau n'obéit point à la parole, quoique les hommes aient longtemps cru que la parole était bonne à tout. Le bateau n'obéit point non plus à la douleur, et il ne sert point de le fouetter, quoique les hommes

aient longtemps cru qu'il y avait, en ces machines ailées, une espèce d'âme, favorable ou non, et que l'on
pouvait fléchir ou disposer par des offrandes. Le bateau obéit au vent et au flot selon sa forme ; mais
l'homme a construit cette machine de façon que la
forme en fût aisément modifiable, modifiable dans
l'air par la manœuvre des voiles, modifiable dans
l'eau par le jeu du gouvernail ; et c'est en combinant
ces deux changements de forme que le pilote tire parti
de tout vent. Comptez les travaux passés, le mât, les
cordages, la coque, l'étoupe et le goudron ; comptez
les coups de hache, de marteau et de rabot ; ajoutez-y
le travail présent, travail du gouvernail, qui est de
science plutôt que de muscles, travail des cordages et
des voiles, souvent pénible, même en comptant ce que
l'on oublie d'ordinaire, on trouvera que l'homme
gagne encore sur le travail qu'il ferait avec des rames,
de même qu'il gagne en se servant de rames sur le travail qu'il ferait avec ses mains.

Il y a donc des machines qui rendent plus de travail qu'on ne leur en fournit, et c'est là-dessus que
nous fondons nos espérances. Folles espérances. La
machine à vapeur, qui fut l'outil universel pendant le
XIXe siècle, exige déjà une somme de travaux importants, depuis la mine de charbon et la mine de fer, jusqu'à l'atelier d'ajustage, en passant par le haut
fourneau, la forge et la salle de dessin. Puissance
énorme, mais qui coûte déjà assez cher. Un moteur à
explosion est plus léger et plus maniable ; je crois qu'il
coûte déjà beaucoup plus de travaux, quoique peut-
être la différence entre les travaux invisibles et le travail visible soit encore à notre avantage. Je dis peut-
être. Pour l'avion, j'ai le sentiment que nous perdons à
chaque vol, c'est-à-dire que la puissance utile est finalement au-dessous de tous les travaux musculaires

qu'elle suppose depuis la mine et l'usine ; ce ne serait même plus l'arc d'Ulysse, qui rend ce qu'on lui donne.

Sans aller jusqu'à cette conclusion, que beaucoup jugeront forcée, on doit décider qu'à mesure que nous perfectionnons nos machines, la troupe des hommes invisibles qui les font mouvoir augmente par rapport à l'effet utile. Et comme l'homme n'est payé de son travail que par les effets, il faut dire que le travail humain est de moins en moins rémunéré. Voilà la vie chère saisie en sa cause principale, et peut-être en son unique cause.

D) LES MACHINES CHANGENT L'HOMME.

Tolstoï, à soixante ans passés, prit un goût très vif pour la bicyclette ; mais son ami Popoff n'était pas bien sûr que ce goût fût conforme à la morale ; il entendait que ce plaisir était un plaisir de riche. On peut considérer la chose autrement. Qu'il y ait des riches et des pauvres, ce n'est pas le plus grand mal, à mon avis. Aux temps heureux de la paix, et en dépit des charges que la peur imposait à tous, la misère n'était pas loin d'être vaincue. Mais, par une faiblesse d'esprit commune aux riches et aux pauvres, tous se trouvèrent réduits à un dur esclavage, et les plus jeunes massacrés. Or ces générations de nigauds héroïques grandirent sous la double loi de la bicyclette et du kodak. Ces dieux mécaniques n'ont point arrêté le progrès des lumières ; et même l'attention portée aux mécaniques a mis du positif dans les esprits les plus frivoles ; car il y a à peine de chute si l'on ne forme pas une claire idée des roulements et des engrenages ; il y a déception et humiliation si l'on n'est pas formé aux manipulations chimiques. Toutefois, en opposition à nos touristes qui marchent sur roue et braquent leur objectif, je me représente une humanité qui userait de ses jambes et qui s'exercerait au dessin. Sans doute les connaissances communes se développeraient d'autre façon et donneraient d'autres fruits.

On a dit beaucoup sur les machines, et il reste à dire. Celui qui construit, ajuste, essaie les machines prend l'esprit mécanicien, mais non pas l'esprit mécanique. Le geste d'un ajusteur n'est nullement mécanique ; non plus celui d'un électricien qui surveille un jeu de transformateurs et de tableaux de distribution. Celui qui conduit une moissonneuse ou un omnibus automobile est emporté par la machine, mais il reste observateur, et encore libre dans ses mouvements. La bicyclette change le corps humain encore plus que ne fait le costume, par l'entraînement mécanique des jambes, et par le problème de l'équilibre, qui intéresse tout le corps. Il est assez clair qu'on change l'esprit d'un homme si on lui met une couronne sur la tête ; combien plus si l'on détourne ses pieds de leur fonction de palper le sol, et si ses mains ont la charge de le maintenir debout On dit bien que l'homme s'adapte, et je n'en doute point ; mais la forme du corps humain ne change pas ; il y a des attitudes qui seront toujours nouvelles pour lui, comme de marcher sur les mains. Ces retournements ont sculpté le visage de l'acrobate, que l'on reconnaît entre mille, par une ressemblance étonnante avec le visage du mutilé ; ce genre d'homme est en difficulté non avec les choses, mais avec lui-même. A un moindre degré chez le bicycliste ; même l'aisance a quelque chose de trop sérieux en ce visage, comme le sourire du danseur de corde. Nous retrouvons par là quelque chose de la gravité inimitable du sauvage qui a une grande plume à travers le nez. Ces majestés emplumées ne pensent guère. Bref la bicyclette est un genre de hausse-col.

Que dire du photographe ? Ibsen, en son *Canard Sauvage*, a éclairé de sa lumière nordique ce genre d'artiste qui pense par retouche, corrigeant l'apparence par le plus bas degré de l'apparence, et mensonge par mensonge, comme le Canard lui-même, en son baquet, devrait se réjouir de la planche inclinée qui fait une plage au bord de cet étang. je voyais hier naviguer vers le Sud-Ouest une escouade de grues ou de hérons qui flottait dans le vent comme une banderole. Cela criait triomphalement. Je n'envie pas les pensées de ces navigateurs à petite cervelle ; mais les hommes ont toujours envie de cette liberté et puissance du corps dans l'élément fluide ; symbole du jugement, car il n'y a point deux coups d'ailes semblables, et les moindres plis de l'air s'expriment en cette forme invincible.

E) CHERCHER LE RENDEMENT, NON LA PUISSANCE.

Je vois que quelques-uns philosophent au sujet des machines, à peu près comme l'esclave considère le maître. « Que fera-t-il de moi ? » Je reprendrais bien là-dessus les paradoxes de Butler dans son *Erewhon*. Il s'amuse à dire que les machines sont une nouvelle forme de l'activité vivante ; ce seraient comme des parasites de l'homme, mais qui finiraient par l'épuiser et le soumettre. On aperçoit aisément l'idée sous le badinage ; et il est un effet des machines qu'on ne peut pas ne pas voir, c'est qu'elles multiplient nos passions, et changent les querelles en des événements physiques plus redoutables que le cyclone et le volcan, comme le revolver, le canon et les mines flottantes le font assez voir. Mais il s'est fait aussi, par la machine, un grand changement dans les mœurs ; car une grosse machine à vapeur devait l'emporter sur plusieurs machines plus petites, et ainsi les travailleurs devaient être rassemblés en masse autour de l'usine, se soumettre au moteur, et apprendre les gestes mécaniques, parmi les poussières et les fu-

mées ; d'où un genre de soif, un genre d'abrutisse-
ment, et un genre d'ennui dont nous apercevons les
effets. Corrélativement la concentration des capitaux,
la puissance anonyme du maître, la puissance aussi
de l'esclave centuplée par l'outil énorme devaient ins-
tituer une sorte de guerre permanente répondant à un
nouveau degré d'injustice. Et la puissance mécanique
étend l'inégalité ainsi que la dissipation du travail ;
Néron n'avait pas de trains spéciaux, ni d'automobiles, ni d'avions à son service. Ainsi le noir nourris-
seur et dompteur de machines se trouve esclave par la
machine, contre les lois, les maximes communes, et le
bon sens. D'où l'on tire que le développement de la
civilisation mécanique exige une autre révolution. Ces
choses sont comprises maintenant de beaucoup.

Mais, à ce sujet, je veux dire encore ceci, qui est
autre, et bien plus caché, c'est que la machine est, par
elle-même, voleuse, j'entends qu'elle ne rend pas en
effets ce qu'elle coûte en travail humain ; en sorte que,
quand la puissance serait également partagée entre
tous les hommes par l'institution de la propriété col-
lective, ils seraient encore dupes de la machine.
Quand tous les travailleurs iraient à leur travail en
avion, cette folle dépense d'énergie supposerait un
dur travail de fabrication et d'extraction, qui ne serait
point compensé par le faible plaisir d'aller vite.

Cette idée n'est pas facile à saisir. Elle suppose,
d'abord, que l'on fasse le compte des travaux invisibles. Soit une machine à labourer ; cela émerveille
parce qu'on ne voit plus l'homme maniant son hoyau,
ou pesant sur le double manche de l'ancienne charrue.
Mais il faut compter le pic du mineur, et le marteau
du forgeron, par qui la machine est nourrie et faite ; le
travail du hoyau se fait toujours, mais hors de vos
yeux. Il faudrait en arriver à résoudre ce problème :

« Combien de travail musculaire, évalué en kilogrammes et mètres, pour un boisseau de blé ? » je considère ici un cas favorable, d'abord parce que la vitesse n'est pas recherchée pour elle-même, et aussi parce que la machine à labourer laisse un effet utile ; le champ est labouré. Mais si le marchand de blé roule ou vole à folle vitesse pour aller au marché, premièrement cette vitesse est ruineuse, le moindre accroissement de vitesse exigeant une dépense d'énergie qui croît bien plus vite que la vitesse même ; secondement la vitesse ne laisse pas d'effet utile ; l'homme se trouve au marché ; il n'y est point utile, ni intelligent, ni prévoyant en raison de la vitesse avec laquelle il y est venu. Si c'est le blé qui voyage vite, la conclusion est encore plus évidente. Il y a déjà longtemps que l'on est revenu aux grands voiliers pour le transport du blé. « Rien ne sert de courir. » Bref, toute injustice mise à part, il y a une limite de la puissance, marquée par la misère universelle qui en serait la condition. Attendrons-nous l'expérience, ou ferons-nous des lois contre les machines, comme les habitants d'Erewhon ?

SOYONS AVARES

A) LOIS DES ÉCHANGES.

Dès les premiers signes de ce que l'on a appelé la Vie Chère, je me plaisais à dire : « Non, la vie n'est pas plus chère qu'autrefois ; c'est la monnaie qui ne vaut plus rien. Essayez de payer en camemberts, et vous constaterez que la vie n'est pas plus chère qu'autrefois. » Le fait est qu'un poulet vaut à peu près autant de camemberts qu'il en valait il y a dix ans. Cette remarque irrite. Chacun se dit : « Croit-il que je n'aie pas pensé à cela ? » je ne sais s'il y a pensé une fois ; mais je suis assuré qu'il l'oublie dans presque tous ses discours ; il l'oublie, remarquez-le, lorsqu'il s'irrite contre le prix des choses, et contre les marchands, qui font de scandaleuses fortunes. Pour moi j'essaie d'évaluer ces bénéfices et ces fortunes en camemberts, puisque j'ai adopté cette unité. Et je suis prêt à parier que les bénéfices moyens, et même les bénéfices exceptionnels, évalués en rouleaux ou piles de camemberts, seraient à peu près ce qu'ils étaient avant la guerre. Par cet artifice, le paysage économique se trouve simplifié et en quelque sorte lisible.

« Ce n'est pas si simple », me dit quelqu'un. je n'en doute pas. Je ne crois pas tenir là un grand secret ; mais plutôt une méthode pour déchiffrer Richesse et Pauvreté, qui me jettent au nez l'une et l'autre des diamants faux et des haillons choisis. Faites attention qu'ici les apparences sont trompeuses encore plus qu'ailleurs, et en deux sens. Car la Vanité montre de fausses richesses, et l'Avarice cache les vraies richesses ; et la Mendicité étale de faux haillons, pendant que la Pudeur cache la pauvreté réelle. Non point par hasard; puisque nous voyons qu'un marché juste s'établit par une double ruse, de l'un qui surfait et de l'autre qui déprécie. Ce jeu des Richesses et des Pauvretés ressemble aux jeux de l'escamoteur. C'est pourquoi, au lieu de vouloir suivre des yeux la muscade, puisque tout est disposé pour me la cacher, je ferme les yeux, et je me répète qu'elle n'est point détruite, et qu'elle n'a jamais cessé d'être quelque part. Pareillement je veux fermer les yeux aussi devant les fantasmagories du budget public et de la bourse privée, et reconstruire en idée quelque machine simple qui sera comme l'élément de la chose. Non point vrai, car aucune idée n'est vraie ; mais non point faux ; instrument, plutôt, comme toute idée.

Il est assez clair que si un peuple double par quelque expédient toute sa monnaie, quand ce serait même l'or trouvé sans peine, il ne peut pas devenir plus riche par cette opération. Quand il s'agit de papier monnaie, la chose est aussitôt évidente. Il faut donc bien que chaque pièce de monnaie ou chaque billet perde par cela seul la moitié de sa puissance d'achat ; et c'est ce qui arrive dès que la nouvelle monnaie est proposée en paiement à des nations qui n'ont point multiplié leur monnaie de la même manière.

« Mais, dit l'Économiste, le change dépend encore

d'autres causes, et notamment du rapport de l'exportation à l'importation. » De mille autres causes, je l'accorde. Mais il me plaît de n'en considérer d'abord qu'une ; et je remarque qu'elle suffit, et que même l'effet réel n'est pas encore celui qu'on pouvait attendre d'après le travail de la planche à billets. je n'ai donc pas à chercher d'autres causes, pour expliquer la baisse du franc. Ou bien je dois les supposer de petite importance au regard de celle-là, et provisoirement négligeables. Cette victoire n'est pas petite ; car c'est Law que je mets à la porte. Law l'immortel joueur de gobelets.

B) VALEUR DE L'OR.

Tout échange d'un produit utile contre de l'or est une vente à crédit. L'or est une espèce de billet payable en marchandises. Mais d'un autre côté, cet échange est toujours libre ; nul n'est forcé de livrer des marchandises contre de l'or. Si donc nous concevons un peuple qui produirait justement ce qui lui est nécessaire et ne produirait rien de plus, c'est vainement que vous tenteriez d'en tirer quelque chose en lui offrant tout l'or du monde. Ainsi il ne faut point dire absolument qu'un peuple qui a de l'or est bien riche ; il n'est riche que si les autres pays produisent en excédent les choses utiles ; il n'est riche que juste autant que les autres pays sont riches.

Mais, bien mieux, il n'est riche par l'or que s'il est lui-même riche par l'excédent de ses produits sur sa consommation. Nul n'accepte l'or que comme signe ou promesse. L'or passe de main en main, mais toujours d'après cette idée que l'or représente un excédent réel, qui est disponible quelque part. Simplifions cette circulation de l'or. Supposons deux pays seulement, et chacun d'eux organisé en coopérative d'après l'idée socialiste, de façon qu'on puisse les considérer comme deux commerçants. Il faudra d'abord que les excédents de production ici et là soient de nature différente. Si un pays produit plus de blé qu'il n'en consomme, il n'achètera pas de blé. Mais il faudra aussi que les produits circulent dans les deux sens. Ainsi il n'arrivera jamais que l'un des deux pays paie continuellement en or et l'autre continuellement en produits ; mais l'or qui passe à l'un devra revenir à l'autre. L'un paie en or ; cela veut dire qu'il fait passer aux mains de l'autre une promesse de marchandises ; et cet or n'a de valeur que par les provisions, usines, mines, champs cultivés, populations actives, qui en sont la garantie. Supposons la planète coupée en deux après d'immenses achats payés en or ; c'est la moitié qui aura reçu l'or qui se trouvera la plus pauvre. Car, en échange de biens réels livrés par elle à l'autre moitié, elle n'aura plus que cette promesse dorée, impossible maintenant à transformer en réalités. Or il en serait de même si une des moitiés supposées se trouvait réduite à la misère, c'est-à-dire à un travail qui ne laisserait point d'excédent.

L'or n'est donc qu'un assignat métallique. Mais on voit la différence. L'or est parmi les choses terrestres à la fois la moins corruptible, la plus facile à diviser et à mesurer, la plus facile à reconnaître, et, parmi celles qui ont ces avantages, la seule qui ne puisse être arbitrairement multipliée. Le rapport de la production de l'or à l'usure, à la perte et enfin aux besoins du commerce varie assez lentement pour qu'on soit assuré qu'un pays qui a reçu promesses en or ne pourra fabriquer des titres au lieu de fabriquer des choses. Une cornue à faire de l'or aurait donc le même effet que la planche à billets. Il se ferait bien vite, par la rumeur des banques et du commerce, une équation exacte entre l'excédent des produits, seule garantie des promesses, et la qualité des pièces d'or. Bref il faut toujours que la valeur de tout l'or existant soit rigoureusement la quantité des produits à vendre. Donc, augmentez cette quantité des produits, et vous augmenterez la puissance d'achat d'un gramme d'or ; diminuez cette quantité, vous diminuez cette puissance d'achat. Mais, inversement, augmentez la quantité de l'or existant, vous diminuez la puissance d'achat de chaque parcelle d'or. L'or n'est donc précieux que par des rapports ; et la valeur de l'or ne cesse pas de varier, et par des causes lointaines, comme son poids varie selon la position de la lune, et sa couleur d'après la lumière qui l'éclaire. Si la lumière solaire ne contenait pas de rayons jaunes, l'or serait noir.

C) LE LUXE OBLIGATOIRE.

Il est compris dans les Droits de l'Homme que chacun est libre de faire retourner son pardessus et de porter fièrement des pantalons blanchis aux genoux. Mais les puissantes Compagnies de transport en commun nous ont privés du droit de voyager sur une banquette de bois. En somme la pauvreté est désormais interdite, au moins dans le voyage. Les omnibus et tramways se ruinent en travaillant ; leurs frais d'exploitation, à ce qu'ils disent, dépassent les recettes ; vous supposez naïvement qu'ils vont réduire les frais, diminuer la vitesse, supprimer toute espèce de confortable dans les voitures ; mais ils n'y pensent seulement point. N'oubliez pas que les chefs de ces Grands Services ont de gros traitements, qu'ils ne penseront jamais à en diminuer quelque chose, et que c'est pourtant par là qu'ils devraient commencer.

En cela les entreprises privées imitent les services publics, qui n'ont point changé depuis les temps de la Monarchie absolue. Quand Louis XIV voulait allumer des lampions, il ne cherchait pas d'abord de l'argent pour les payer. Dépenser d'abord, et remettre au contribuable la note des dépenses faites, telle est la méthode naturelle de tous les pouvoirs. Il n'y a pas longtemps les finances eurent à remplacer les titres de créance de ceux qui avaient perdu leurs meubles pendant la guerre, par des titres de rente équivalents ; opération avantageuse pour le trésor ; mais le ministre organisa aussitôt un service nouveau, bien logé et bien pourvu d'employés, qui est chargé de ces échanges et de ces écritures. Or il est vrai que, par de tels moyens, le public sera servi vite et bien ; mais nul ne se demande jamais si le public est assez riche pour s'offrir ce luxe-là.

Tout ce luxe nous est imposé ; c'est à nous de le gagner. On compte par milliers, à Paris, de ces hommes débonnaires qui reçoivent du gouvernement féminin un budget de dépenses incompressibles et qui courent du matin au soir pour assurer les recettes correspondantes. Quelquefois, avant le jour, vous voyez autour de quelque brillant magasin une armée de nettoyeurs, l'un occupé aux cuivres, l'autre aux glaces. Ce genre de travail est terminé à huit heures du matin ; et ceux qui l'ont fait s'en vont alors à leur travail ordinaire, qui est tout autre ; ils font deux journées en une. Ce genre d'hommes n'est point pauvre, en ce sens qu'ils peuvent se procurer beaucoup de choses désirables ; mais ils sont pauvres par ce travail accéléré qui leur retire le temps de juger. Ce sont de très bons maris, et ce sont de très bons citoyens aussi, par les mêmes causes. Toujours courant, et sautant d'un véhicule dans l'autre, ils arrivent à gagner un peu plus par cette économie de temps ; un peu plus, c'est-à-dire juste autant que cette vitesse leur coûte. Il faut réfléchir sur ceci qu'avec plus de travail on peut recueillir un moindre excédent.

D) UTILITÉS RUINEUSES.

Les prodigues, dit Castor, sont ruinés par l'Agréable. Mais c'est l'Utile qui ruinera les Nations, et toutes les grandes Sociétés, où ceux qui dirigent sont payés au mois. Entre les deux, se trouve l'Avantageux ou le Profitable, comme vous voudrez l'appeler, qui est la règle de toute sage entreprise. Supposez que je sois placier en vins ou en savons ; une voiture automobile me serait utile, c'est évident ; mais il reste à savoir si elle me serait profitable si c'est seulement douteux, je prends l'omnibus et l'omnibus m'est bien utile ; mais ce n'est pas une raison suffisante pour que je le prenne. M'est-il profitable ? Me rend-il au delà de ce qu'il me coûte ? Alors je le prends. Mais s'il y a doute, je vais à pied. Je n'écoute point le conseilleur, quand il m'explique qu'une automobile serait bien commode pour mon commerce. Un appartement de vingt mille francs, avec ascenseur, est utile à n'importe qui. Il serait utile aussi d'avoir des toits mobiles sur les vignes par les temps de gelée. Mais chacun comprend que la gelée coûte moins cher que la toiture. Il serait utile aussi, dans un été sec comme celui-ci, d'avoir de l'eau dans des tuyaux, et sous pression, pour arroser les champs. Mais un homme sensé ne fait point tout l'utile ; il fait seulement ce qui paye.»

« Il est clair, lui dis-je, que les inventions utiles nous auraient bientôt ruinés, de même que les connaissances utiles auront bientôt fatigué nos écoliers ; car elles s'étendent ; mais la durée du jour ne s'étend point. »

« Nous y voilà, dit Castor. Tous ces hommes dévoués, intelligents, instruits, qui sont payés au mois, ils approuvent tout ce qui est utile. Ils comptent les services rendus d'après cette idée que tout ce qui est utile paye. Une banque est utile ; ils approuvent ; cette banque utile meurt de misère ; ils approuvent qu'on l'aide, parce qu'elle est utile. L'utile nous ruine. Un train rapide est utile ; un train encore plus rapide serait encore plus utile. Nos ingénieurs sont étonnants. On sait que les Compagnies de Chemins de fer se ruinent ; les travaux n'en vont pas moins. J'admirais hier des terrassements, des voies neuves ; une gare qui s'étend en largeur ; et je vois bien que les manœuvres seront plus faciles et plus rapides un enfant comprendrait cela. Mais ces travaux payeront-ils ? La question n'a pas de sens pour l'homme de bien qui est payé au mois. Toujours de mieux en mieux, telle est sa devise. Et c'est par les hommes de bien, payés au mois, que tout va de mal en pis. »

« Mais, lui dis-je, nous ne sommes pas des animaux ordinaires. J'ai lu quelque part, ou bien je l'ai rêvé, que l'homme est le seul animal qui fasse toujours sa tanière trop haute. »

« Eh bien, dit Castor, Monsieur l'artiste, je veux que vous pensiez à une petite chose, c'est qu'il ne nous reste jamais d'argent pour entreprendre quelque chose de beau. Où sont nos ares de triomphe, nos pyramides, nos maisons du peuple, nos musées, nos universités ? je ne vois que des maisons de rapport, où se montre partout le ruineux Utile. Parbleu, tout le monde est au manège. La course à l'utile ne laisse ni loisir ni excédent. Et, selon moi, pour ce genre de générosité que l'art suppose, et dont nous n'avons plus même l'idée, il faut au fils prodigue un père avare, j'entends qui se défie de l'Utile. Même il n'est pas mauvais qu'un peu de feu despotique passe de l'un à l'autre. Après tout, l'ambition de durer par des œuvres n'est peut-être pas si étrangère à l'avarice. Et moi qui vous parle, et qui a fait ma fortune en me défiant du ruineux Utile, je donnerais plus volontiers mon argent à un beau monument qu'à une mauvaise affaire. Travailler, faire laid, et encore perdre, c'est le plus triste sort à mes yeux. » Ainsi parla Castor, et je compris qu'il était artiste à sa manière.

LES CIVILISATIONS

A) CIVILISATIONS ET CLIMATS.

Un journaliste rapportait ces jours-ci le propos d'un astronome d'après lequel l'inclinaison de l'axe de la terre sur son orbite diminuant présentement, et devant se trouver nulle dans trois ou quatre siècles, il ne fallait pas s'étonner de voir que la différence des saisons s'atténuait en tous pays. Nous aurions partout, dans deux ou trois siècles, un continuel équinoxe, c'est-à-dire des nuits constamment égales aux jours, d'où résulterait dans nos pays tempérés un printemps perpétuel. Avant d'imaginer toutes les conséquences de ce grand changement, avant même de me livrer au petit espoir qui en résulte pour l'hiver prochain, j'ai couru à mon livre. Ces lentes oscillations, dont la période est d'environ vingt-six mille ans, ne sont point sensibles dans l'expérience, et donc ne me sont point du tout connues. Mais lisons ce qu'on en dit. Il est clair pour moi, et pour mon lecteur aussi peut-être, que si l'axe de la terre était perpendiculaire au plan de son orbite, l'équateur viendrait se confondre avec la route du soleil, que l'on nomme écliptique. Et je lis dans un Annuaire du Bureau des Longitudes : « On peut admettre que l'obliquité de l'écliptique varie seulement entre vingt et un et vingt-quatre degrés environ, et par suite le plan de l'équateur n'est jamais venu et ne viendra jamais en coïncidence avec celui de l'écliptique.» Je me contente ici de croire ; mon astronomie ne va pas jusque-là ; ainsi nous n'aurons pas de printemps perpétuel ; nous, entendez nos neveux.

Il n'en est pas moins vrai, si j'en crois mon livre, que nous sommes dans une période où l'obliquité de l'écliptique diminue de siècle en siècle ; nous sommes à plus d'un degré de l'obliquité la plus grande, et nous allons tout doucement vers l'obliquité la plus petite. Comprenons bien ce que cela signifie pour le ciel que nos yeux voient. Le soleil s'élève de moins en moins en été, et il s'abaisse de moins en moins en hiver ; il est donc vrai en gros que les étés sont de moins en moins chauds, et les hivers de moins en moins froids. Cette lente promenade qui nous approche de l'éternel printemps, mais sans jamais nous y conduire tout à fait dure environ treize mille ans, et le retour, autant. Ainsi l'on a vu autrefois sur cette terre, dans cette région de Paris, les terribles hivers de la période glaciaire, où les glaces du pôle s'étendaient jusqu'à la Seine ; et on les reverra.

On peut déjà rêver là-dessus ; car il est inévitable que le centre de la civilisation se déplace en même temps que les saisons varient. Notre passé historique se trouve éclairé par ces promenades du soleil. Depuis dix mille ans environ il est clair, au moins pour le bassin Méditerranéen, que l'humanité pensante a remonté continuellement vers le Nord. La brûlante Égypte est couverte de débris imposants. C'est là et dans l'Orient méridional, aujourd'hui engourdi par la chaleur, qu'est le berceau de nos religions, de nos sciences et de notre morale. Carthage n'est qu'un souvenir. Rome n'est plus dans Rome ; la pensée et les arts ont été remplacés en Grèce par l'insouciance et les passions de l'été. Athènes se trouve maintenant à Paris, comme les Parisiens aiment à dire. Rome est à Londres, ou peut-être à Berlin. Les Scandinaves font voir une belle sagesse ; la Russie s'éveille. Les grands continents sont toujours en retard sur les presqu'îles, comme on sait, puisque la mer est un régulateur des climats. Dans quelques siècles, la Sibérie sera à son tour centre de pensée, d'invention et de puissance. Puis, quand les grands hivers reviendront, la civilisation redescendra vers l'Égypte et l'Inde, toujours marchant des continents aux presqu'îles, comme en notre histoire elle a remonté et remonte des presqu'îles aux continents en même temps que du Sud au Nord. Le détail serait beau à suivre ; par exemple l'Espagne, plus compacte que l'Italie, en retard sur elle pour la grandeur et la décadence.

B) L'ORIENT DORT SELON LES RITES.

L'Orient nous parle. Nous ne le comprenons guère, ni lui nous. Il faut penser à ce qu'il y eut de scandaleux dans la révolution Socratique. Tout homme réglait alors ses actions et ses pensées d'après quelque loi qu'il n'avait point faite, divine ou humaine. Chacun se conformait. Socrate fut le premier et le plus obstiné des hérétiques. Non qu'il refusât d'obéir aux lois ; mais, pour ses pensées, il prétendait ne croire que lui-même. Les dieux étaient jugés. Cet homme voulait savoir si c'est parce que les dieux l'ordonnent que le juste est juste, ou s'il ne faudrait point dire, au contraire, que c'est parce que le juste est juste que les dieux l'ordonnent. C'était élever l'individu au-dessus des dieux. Autant de fois que Socrate renaîtra, il sera condamné ; mais nous gardons l'idée ; nous la portons tous ; personne ne l'a encore mesurée.

Cependant les anciens peuples dormaient selon la Coutume. Ils ne pensaient que par monuments, danses et cérémonies. Leurs symboles restaient des énigmes, pour eux encore plus que pour nous. La Pyramide rejette tout commentaire. Cette masse sans jour et sans passage, cette pointe aussi, refusent nos pensées. La tour de Babylone, elle aussi, autant que nous savons, n'exprimait qu'elle-même. Mais, en Grèce, les symboles commençaient à fleurir. L'oracle Delphien inscrivait à son fronton la maxime « Connais-toi. » C'était montrer de l'esprit. D'où Socrate et la longue suite des révoltés et des incrédules. Le christianisme, à bien regarder, et même le catholicisme, malgré un prodigieux effort d'organisation, doivent être considérés comme des écoles d'incrédulité. Les castes, la hiérarchie, les coutumes, les costumes, ce ne sont plus que des apparences pour les sots ; et il n'y a plus de sots. Le catéchisme enseigne à tous, et aussi bien aux esclaves, qu'il y a un ordre de l'esprit, invisible, un royaume des esprits, des rois dans l'enfer et des mendiants au paradis.

Dans un roman hindou, qui est de Rabindranath Tagore, on trouve un potier accablé d'injustices, autant qu'il en faut pour faire bouillir une pensée d'homme. Mais cette pensée d'homme est occupée d'abord à ne point user d'un pot qui serait souillé par un homme d'une autre caste ; et l'effet de la misère est de rendre ces soins plus occupants ; ainsi les rites terminent les pensées et en même temps les passions. On retrouve encore chez les Juifs de la pure doctrine, ce souci de manger et de boire selon les rites ; ce genre d'attention détourne de penser aux maux véritables. Mais ces débris des temps anciens donnent encore une faible idée de ce que fut l'ordre Égyptien, où ce n'était point le même homme qui nourrissait le bœuf, qui le tuait, qui le mangeait, qui l'enterrait. Si quelque prêtre de ce temps-là revenait, peut-être pourra-t-il expliquer qu'il ne faut pas moins que ces liens de coutume pour tenir en repos l'animal pensant ; mais je suppose que le prêtre était prêtre comme le potier était potier. Il ne choisissait point ; et toute notre vie se passe à choisir et à sauver le droit de choisir. Deux systèmes donc, et l'Oriental est encore assez fort lorsqu'il montre du doigt les effets, qui sont nos guerres, la Fraternité homicide et le Droit sanglant.

C) LA MACHINE S'IMPOSE À NOUS.

On pourrait croire, au sujet des machines, que les rusés marchands auront bientôt découvert si elles sont bienfaisantes ou ruineuses. Je n'en suis pas sûr. Les machines modernes ont une manière de s'offrir qui est tyrannique. C'est l'offre qui règle la demande. Le téléphone en est un exemple admirable. Si, par convention, ceux qui font des affaires renonçaient tous à se servir du téléphone, il n'y aurait rien de changé dans la production et la circulation des biens. Le téléphone y ajoute seulement un peu de bruit et une impatience qui ne fait rien. Aujourd'hui comme autrefois, le fabricant de draps transporte son paquet d'échantillons de maison en maison et de ville en ville. S'il ne le fait lui-même, il le fait faire par un homme qui connaît la fabrication, les matières, les teintures, l'apprêt aussi bien que lui-même. Toute conversation est inutile si la main ne peut toucher et palper, si l'œil ne peut suivre les jeux de la lumière sur les plis de l'étoffe. Ce qui ne va jamais sans un vain bruit de paroles, où paraissent de vagues rumeurs sur la politique et les affaires, sans oublier les politesses et les anecdotes ; mais la chose présente ramène bientôt ces pensées errantes.

On devrait appeler téléphonique un genre de conversation sur les choses, où les choses manquent, et aussi le visage humain, qui soutient la parole. L'écran cinématographique est un abstrait où la parole manque ; le téléphone est un autre abstrait, qui ne pose pas non plus la pensée. Il y a presque toujours un peu d'égarement, une attention vide, un étonnement joué dans un homme qui téléphone. Comme il se forme une mimique pour l'écran, ainsi il se forme une éloquence téléphonique. Mais ce sont des effets esthétiques. Comptons plutôt la dépense.

Journées de travail, depuis la mine de cuivre jusqu'à l'usine où l'on ajuste ces enroulements et ces contacts mobiles qui transforment les mouvements de la voix en variations de résistance et par suite en variations de débit. C'est comme si les chocs de la parole ouvraient et fermaient plus ou moins un robinet très sensible ; les chocs de l'eau porteraient les mouvements de la voix d'un bout à l'autre des tuyaux. Mais il faut retourner jusqu'à la mine de zinc ; car tant que vous parlez dans un téléphone, la pile débite à court-circuit ou peu s'en faut ; et vous, par votre parole, vous troublez ce débit, vous lui imprimez des variations fortes ou faibles qui se répercutent aussitôt dans un fil plus long et plus fin, voisin du premier. Dans ce transformateur se développent des courants de haut voltage qui sont à l'image du courant varié de la pile et qui franchissent les kilomètres. Ajoutez que votre pile est de rendement très faible et s'use même sans travailler. Au reste on peut téléphoner sans aucun fil ; c'est encore plus étonnant et plus élégant ; mais l'énergie dépensée dépasse de bien loin ce que peut fournir une pile.

Tous ces travaux dévorés se retrouvent-ils ? La paresse certainement y trouve son compte. La cuisinière appelle les croissants au lieu d'aller les chercher ; c'est le mitron qui les apporte ; et n'oublions pas ces coups de marteau et de lime, innombrables, qui transportent seulement un ordre, sans transporter autre chose. Mais tout le monde sait pourquoi le boulanger, le boucher, le crémier sont abonnés au téléphone ; c'est qu'ils craignent de subir un grand dommage, s'ils ne l'ont point. On voit comment l'offre force la demande, et comment nous sommes prodigues sans le vouloir. D'où vient que le salaire réel, qui n'est qu'une part des produits, baisse inévitablement. Mais cette grande usine n'a point de comptable.

D) APRÈS LE DÉPART.

Je me refuse à haïr tout un peuple. J'insiste sur cette idée, peu agréable, j'en conviens, pour ceux à qui la guerre ouvre un abcès de fureur qui les étouffait. Mais pour moi, je me sens solide et décidé, sans méchanceté aucune ; et nous somme-, des milliers de cette espèce, dans la grande République occidentale. Certes, je hais le despotisme, mais je ne hais point ses instruments, qui sont ses premières victimes. Je hais cette folie préméditée, contente d'elle-même, orgueilleuse d'elle-même, qui lance contre nous tant de pauvres gens ; mais quant à la colère folle, née peut-être de deux peurs contraires, c'est comme une maladie que le despotisme a inoculée à tout un peuple, et que la liberté saura guérir. Au reste, pour le moment, nous en sommes aux moyens de force, et tant pis pour qui s'y frotte, mais ces hommes qui nous arrivent du nord avec sabres, fusils et canons, je n'ai nul besoin de les haïr ; qu'ils soient méchants au fond, ou bien trompés et affolés, le traitement qu'il s'agit d'appliquer est toujours le même ; et quand ils seraient chevaliers à l'ancienne mode, cela ne diminuerait en rien la pression de la poudre au millimètre carré. Nous tuons, si j'ose dire, à la machine.

Oui, même la légendaire baïonnette, il faut qu'elle se règle selon l'autorité polytechnicienne ; et l'on a déjà remarqué que le danger, dans cette guerre, Peut venir des passions mal réglées. Viser bien vaut toujours mieux que frapper fort ; et la plus haute des vertus guerrières, c'est la patience.

A quoi la haine est contraire de toutes les façons. Car elle vise mal, et elle s'use et dégénère en tristesse. Certes si l'invective tuait, l'invasion serait tout de suite frappée au cœur et à la tête. Mais ce n'est toujours que la vieille méthode magique, qui veut tuer par simulacre. Et au fond cela n'est autre chose qu'un appel à la justice immanente. Nous voulons croire que la mesure des forfaits sera comble, et qu'une foudre visible ou invisible tombera sur ceux qui marchent sur l'Humanité. « Dieux immortels, vous voyez ces choses ! » Mais moi, quand je regarde au ciel, j'y vois les étoiles qui tournent et Pégase équinoxial qui avance. Nul regard là-haut, que je sache. Mais plutôt l'image de la géométrie impartiale, qui nous dicte les moyens. Soyons tous ingénieux et précis ; croyons aux petites causes convergentes ; c'est la vertu du moment. Qui tricote des chaussettes de laine fait beaucoup ; qui ferre proprement un cheval, de même. Fourbis ton arme, et non point ta haine. Sobres de discours et riches d'actions. Non pas d'actions imaginaires, mais de réelles actions tendant toutes à la même fin. Car l'injure ne tue point ; mais, si je tue, l'injure est bien inutile.

E) L'ALGÈBRE DES DETTES.

Quand un état fabrique de la monnaie de papier pour payer ses fonctionnaires, tous comprennent que personne ne devient plus riche par là. Si le même état voulait payer par ce moyen sa dette extérieure, le résultat serait encore plus clair, par l'immédiate dépréciation du signe. Jusque-là l'idée est facile à saisir, et devient même familière à tous par les effets. Mais, si nous pouvions payer en or, ne serait-ce point une vraie et bienfaisante richesse qui passerait les mers ? Plusieurs remarques se présentent ; d'abord, que le plus riche de nos créanciers, et auquel tous ces paiements viendraient aboutir, n'a point besoin d'or, et qu'il en a même trop. Mais une idée presque trop claire se glisse par la même porte : « Mange-t-on de l'or ? » Ici la réflexion reste immobile, comme un pauvre à la porte d'une banque.

Une banque. Il semble qu'il ne soit pas permis à la pensée d'entrer là. Un banquier a quelquefois une pensée ; mais il la laisse dès qu'il fait son métier. Quel est donc ce jeu derrière ces grilles ? Un jeu de Signes, à ce que je crois ; une algèbre. Personne là-dedans ne pense plus loin que les signe-, ; mais plutôt les signes pensent seuls, comme il arrive aux médiocres mathématiciens, de transposer leurs signes comme il faut, mais de ne plus savoir lire les signes sous cette forme nouvelle, c'est-à-dire les transformer en objets ; et cela s'est vu pour les doctrines d'Einstein. Quelque enfant terrible a dit : « La mathématique est une science dans laquelle on ne sait jamais de quoi on parle, ni si ce qu'on dit est vrai. » J'aimerais à dire, en imitant ce vigoureux paradoxe, que la banque est un art de compter qui ne sait jamais ce qu'il compte, ni si ses millions ont quelque chose de vrai. Nous autres, au lieu de regarder à travers les grilles, par où nous ne verrons que des signes de signes, nous devons former quelque idée réelle, en vue de surmonter et en quelque sorte d'exorciser ces bilans abstraits qui concluent tous à l'impossible.

Quand on dit que la planète est devenue plus pauvre par cette guerre, on dit quelque chose qui a un sens ; car, premièrement, des objets utilisables ont été détruits, et, deuxièmement, pendant quatre ans, les hommes ont été détournés d'en produire autant qu'ils avaient coutume, passant le principal de leur temps, au contraire, à fabriquer ce qui détruit et, en détruisant, se détruit. Il faut compter aussi les mutilés, qui produisent moins et ne consomment pas moins. Il faudrait dire en revanche que les morts ne nous laissent pas plus pauvres, si l'on admet, pour simplifier, qu'un homme consomme à peu près autant qu'il produit.

Maintenant si l'on se laisse entraîner à dire que le monde terrestre, en son ensemble, a des dettes, autrement dit qu'il a dépensé plus qu'il n'avait, cela n'offre point de sens. Ce que le monde terrestre a usé, brûlé, consommé, certainement il l'avait. Ce qui n'est pas à remplacer en obus, canons, avions, mines flottantes, est réellement payé. Il n'y a que les moyens de produire qu'il faut refaire, comme machines, vaisseaux de commerce. Léviathan a brisé sa bêche ; il doit prendre le temps d'en refaire une ; et le champ en souffrira. Mais n'exagérons point. D'abord la destruction ne s'étend qu'à une petite partie de l'outillage planétaire. N'oublions pas non plus que toute bêche s'use ; non plus qu'un outillage neuf et naturellement plus parfait paye très vite ce qu'il coûte. Enfin la guerre elle-même peut nous consoler si nous y pensons comme il faut. Que prouvent ces folles dépenses, sinon que, puisqu'on les a faites, on pouvait les faire, c'est-à-dire que le travail humain, au point où il en est, produit un excédent étonnant ? Tout cela va à nous faire entendre que nous ne sommes pas si pauvres qu'on nous le dit. Et chacun le sent bien. Mais est-ce utile à dire ? Il y a pour et contre. Qui veut être payé se plaint. Qui veut crédit se pare.

F) L'ÉTAT PERD L'ARGENT.

J'ai reçu, comme tout le monde, le billet du percepteur ; comme tout le monde, je l'ai trouvé sévère ; j'étais tenté de le trouver injuste. J'ai appris qu'il faut rendre à César ce qui est à César. Il faut bien que César vive. Mais enfin il est attristant de penser que, de tout cet argent qu'on lui donne, César ne fabrique que des peines pour toute la terre. Dans ses jours et dans ses nuits il ne prépare que des épreuves pour les hommes. S'il dépense, c'est pour canons, obus et mitrailleuses ; s'il médite, c'est pour irriter ses ennemis et s'irriter lui-même ; s'il parle, c'est pour rappeler à tous ceux qui travaillent que la mort violente, donnée ou reçue, est la principale affaire, et qu'un éloge funèbre prononcé par César est le plus grand bien au monde. Va donc, mon argent, pour le mal de tous et pour le mien. Pour les bombes jetées et pour les bombes reçues, pour les gaz empoisonnés, pour l'incendie et la ruine. Car c'est la seule pensée des gouvernants ; les autres problèmes ne les réveillent qu'à moitié ; mais dès qu'il s'agit de montrer le poing national, voyez comme ils se redressent, comme leur voix claironne, comme leurs yeux brillent. Aussi jettent-ils tout à cette belle dépense ; sans compter ils jettent l'argent des citoyens ; sans compter ils jettent le temps des citoyens et cette dépense est elle-même fertile en dépense il en résulte inévitablement le plus grand des malheurs et la ruine pour tous. On l'a vu, on le reverra, si César ne change point d'humeur. Voilà ma plainte ; c'est la plainte de beaucoup. Mais il faut payer. Je ne suis point seul, et je ne vivrais point seul. Les citoyens semblent contents, si j'en juge par le journal qu'ils lisent. S'il leur plait donc que nous nous ruinions à menacer et à défier, si ce jeu leur plaît, si ce risque leur plaît, je n'ai qu'à suivre. Mon droit est de me plaindre ; je me plains. Mon devoir est de payer. Payons.

Quel bonheur de coopérer. Quel bonheur de payer l'impôt lorsque le beau nom de contribution lui convient. De cette division du travail, de ces hommes qui ne font qu'une chose et la font bien, quels services élégants et prompts. Ces balayeurs, ces agents aux voitures avec leur bâton blanc, ces pompiers impassibles, ces machinistes, ces aiguilleurs, ces actifs messagers, ces surveillants et ministres de la vie commune, comme il est agréable de les payer en services et de les payer en argent. Voici que cet autre percepteur frappe à ma porte, équipé pour le travail utile qu'il accomplit sous les yeux de tous, gagnant l'amitié de tous. Il est cordial ; il sourit ; il tend la main, non point d'abord pour recevoir, mais pour promettre. Son souhait n'est pas un vain souhait ; car, autant qu'il dépend de lui, l'année qui vient sera paisible ; les rouages seront bien ajustés et glisseront sur l'huile ; les roues ne grinceront point. Ainsi je pourrai être attentif à ce que je fais, comme lui à ce qu'il fait. En cela nous sommes amis, et précieux amis l'un pour l'autre. L'échange des souhaits et la poignée de main au solstice d'hiver signifient cela. Dans le même temps que je faisais l'aumône à César, prodigue de dépenses stériles et de menaces, j'ai trouvé la consolation à ma porte, en payant un tribut de justice à l'honnête facteur des postes.

Fin.

~

Également disponible